"No hay palabra en el idioma inglés como la palabra aventura. *Una vuelta alrededor del Sol* despertará su hambre de convertir su vida en una aventura. Si puede leer este libro sin sentirse provocado a vivir, chequee su pulso."

—John Ortberg, pastor principal de Menlo Park
Presbyterian Church y autor de *Soul Keeping*

"Este es un libro genial, escrito por dos de mis personas favoritas en el planeta. He conocido a Dick y a Mark durante muchos años, y son amigos y guías en quienes confío. A pesar de que son autores, académicos, líderes y pastores, no se preocupan por títulos en absoluto. Se preocupan por la gente. He visto la forma en que abrazan a los desposeídos y la forma en que interactúan con los líderes de países enteros. Es exactamente lo mismo. Esto se debe a que han aprendido a amar a la gente como lo hizo Jesús. Usted querrá hacer lo mismo después de leer este libro."

—Bob Goff, abogado y autor de *Love Does*

"Un mensaje magnético sobre el riesgo, la reflexión, y las relaciones. Tire a este en su equipaje para su próxima vuelta alrededor del Sol."

—Christine Caine, autora de *Unstoppable*

"Este libro le informará e inspirará durante su vuelta anual alrededor del sol. Escribiendo desde la sobreabundancia de vivir notablemente, Mark Batterson y Dick Foth proveen un manual de usuario para una vida abundante y aventurera."

—Dr. Barry Negro, Capellán del Senado de los Estados Unidos

"Mark Batterson y su mentor Richard Foth demuestran que cada vuelta alrededor del sol se merece una dosis saludable de aventura, riesgo, y relación. Con perspectivas únicas y un mensaje conjunto, estos dos inspiran a sus lectores a 'arriesgar más, reflexionar más, hacer más cosas que continúen viviendo después de que morimos.'"

—Reggie Joiner, fundador y CEO de *Orange*

"Las historias de vida compartidas forjan una cadena de valores que unen a las generaciones en culturas, luego en civilizaciones. Como ADN cultural, estas historias pueden ser las 'buenas nuevas' de la existencia humana. Cuando son un reflejo de la Palabra de Dios y del Hijo de Dios, son profundos mapas de rutas para la vida. Durante más de seis décadas, Dick ha compartido conmigo sus historias de vida. Por una veintena de años, Mark ha hecho lo mismo, modelando una devoción que nos inspira a lo más alto y mejor de nosotros. ¡*Una Vuelta alrededor del Sol* es un viaje que bien vale la pena!"

–John Ashcroft, ex Fiscal General de Estados Unidos

"¡Este libro moverá su alma! Las historias que se tejen a través de la vida y las aventuras que dan forma a lo que somos con los demás son traídos a la vida de una manera tangible, real, factible que mejorará e inspirará sus vueltas alrededor del sol."

–Curt Richardson, cofundador de *OtterBox*

"La sinergia de Foth y Batterson es de gran alcance. Todo el mundo va a hallar inspiración en estas páginas. Como padre y abuelo encontré nuevas ideas para involucrar a mi familia en aventuras que los acerquen a Jesús."

–Rep. Frank Wolf, Distrito 10, Virginia

"Batterson y Foth reúnen un enorme tesoro de experiencias de vida y de principios bíblicos que nos guían en la aventura más grande de vivir nuestros años al máximo. Si eres joven, de edad, soltero, casado, padre, maestro, *Una Vuelta alrededor del Sol* es un libro para leer y releer. Te reta a que no te conformes con el asiento más seguro del autobús, sino más bien pienses en grande, tomes riesgos, y periódicamente vuelvas a calibrar la brújula de tu vida."

–Barbara Melby, maestra de niños pequeños

"No podía esperar al siguiente capítulo. ¡Lo disfruté mucho!".

–Tony Hall, embajador y ex congresista de los Estados Unidos

"Dick y Mark han capturado poderosas historias y lecciones para nosotros en nuestra búsqueda para perfeccionar nuestra capacidad de caminar en fe. La amistad y la conexión de Dick coincidieron con mi caminar en el servicio a nuestra nación en días difíciles como la tragedia en el USS Cole y los ataques del 9/11, cuando yo buscaba respuestas y dirección en mi fe. En conjunto, estos caballeros comparten algo del entusiasmo, la aventura y los principios de amor que cambian vidas en nuestras vueltas 'alrededor del Sol'. Esta es una gran lectura. Nos desafía a todos en nuestro caminar con Jesús."

—Almirante Vern Clark, ex Jefe de Operaciones Navales
Marina de los Estados Unidos

"Cuando dos grandes comunicadores de dos generaciones diferentes colaboran en un libro que narra sus aventuras siguiendo a Jesús, probablemente vale la pena un vistazo. Los autores Mark Batterson y Dick Foth infunden calor, una transparencia que desarma, e introspección en todo lo que hacen, y *Una Vuelta alrededor del Sol* es cautivador y deliciosamente difícil de dejar de leer. El don de la narración está en forma rara aquí, y se invita a los lectores a los viajes personales y profesionales de los autores con momentos de su amistad con tutoría, viñetas de la historia, grandes citas de algunos de los grandes aventureros de la historia, y una visión práctica de la Palabra de Dios. Las cosas cotidianas se convierten en cosas significativas, y las perspectivas generacionales nos envuelven. No importa cuántas vueltas hayamos dado alrededor del sol, Foth y Batterson nos abren el apetito a arriesgarnos haciendo vida con Jesús a todo vapor, hacerla con amigos atesorados y aquellos a convertirse en amigos, y a dejar un legado de grandes aventuras con Dios que impactará las próximas generaciones. ¡Bien vale la lectura de *Una Vuelta alrededor del Sol!*"

—Dr. Beth Grant, autora de *Courageous Compassion* y
cofundadora de *Project Rescue*

UNA Vuelta
alrededor del Sol

Convierte tu vida
diaria en una
aventura extraordinaria

Mark Batterson
y Richard Foth
con SUSANNA FOTH AUGHTMON

WHITAKER
HOUSE
Español

Traducción y Edición: Ofelia Pérez

Una vuelta alrededor del Sol
Convierta su vida diaria en una aventura extraordinaria
ISBN: 978-162-911-703-4
ebook ISBN: 978-162-911-704-1
Impreso en los Estados Unidos de América
©2016 por Mark Batterson, Richard Foth, y Susanna Foth Aughtmon

Whitaker House
1030 Hunt Valley Circle
New Kensington, PA 15068
www.whitakerhouseespanol.com

Por favor, envíe sugerencias sobre este libro a:
comentarios@whitakerhouse.com.

Los autores están representados por The FEDD Agency, Inc.

Diseño de la portada: Heather Dean Brewer.

Este libro fue publicado originalmente en inglés por Baker Books, una división de Baker Publishing Group, Box 6287, Grand Rapids, MI 49516-6287.
www.bakerbooks.com

1 2 3 4 5 6 7 8 9 10 11 ⱳ 23 22 21 20 19 18 17 16

A los antepasados que nos precedieron, estamos agradecidos.

A las generaciones que nos sucederán, estamos esperanzados.

Y a nuestras esposas, Ruth y Lora,

Sin ustedes, la vida no hubiera sido ni la mitad de la aventura.

Contenido

Introducción: Escoge la Aventura   11

1: Por el Amor al Riesgo   21

2: Acumula Experiencias   29

3: La Aventura Original   39

4: La Preposición que Cambiará tu Vida   49

5: Quién es Más Importante que el Qué   57

6: Peldaños   67

7: Metas Compartidas   75

8: El Locus del Amor   83

9: Invaluable e Irremplazable   91

10: Santo y Feliz   99

11: Jugar en Serio   107

12: Nunca un Momento Aburrido   117

13: El Mundo de las Cinco Pulgadas y Media Entre tus Orejas   125

14: Libros con Cubiertas de Piel   133

15: Aprende Como Si Fueras a Vivir Para Siempre   141

16: El Éxito es la Sucesión   149

17: Mentoría Invertida   159

18: Vivo a Plenitud   167

19: Linaje y Legado   175

20: Dos Pulgares Arriba   185

Conclusión   193

Reconocimientos   201

Notas   203

Introducción

Escoge la Aventura

 La historia de Dick

Bajaba la escalinata oeste del Capitolio, encogido de hombros por el frío. La conversación que había sostenido con un viejo amigo probó ser cambia-vidas. Cuando miré el *National Mall* hacia el *Lincoln Memorial*, la escena me dejó sin respiración. Los rayos dorados del sol del atardecer suavizaban los bordes de granito de los monumentos y los edificios del Museo Smithsoniano, que enmarcan la extensión única que cuenta la historia de nuestra nación. Le daba vida a la línea de *America the Beautiful*: "Tus ciudades de alabastro brillan" (*Thine alabaster cities gleam*). Todavía no podía creer que estábamos allí.

Era noviembre de 1994. Después de catorce años como presidente de un pequeño colegio privado en las montañas de Santa Cruz de California, me había mudado al este con mi esposa, Ruth. Nos unimos a un ejército de amigos trabajando tras bastidores para alentar a otros. La capital federal puede ser solitaria para las personas en el poder. La mayoría de las personas que quieren estar cerca de ellos quieren algo a cambio. Inspirados por otros antes que nosotros, esperábamos ofrecer amistad sin condiciones y conectar en grupos pequeños a aquellos que eran afines entre sí. En la vida pública, los grupos pequeños pueden ser lugares más seguros. Ahí, los individuos a menudo florecen por la esperanza y el apoyo que se ofrece en el espíritu de Jesús.

Estábamos haciendo amigos y echando raíces durante los fríos días de otoño. El Día de Acción de Gracias estaba a la vuelta de la esquina. El año anterior habíamos dejado a nuestros hijos adultos y familia extendida en California para mudarnos a Washington, DC, y queríamos y necesitábamos un momento familiar. Esto también nos encontró continuando la tradición que empezamos con nuestra familia unos años atrás: *cualquiera sin un lugar a dónde ir para las festividades era bienvenido a nuestra mesa.* Eso traía buenas conversaciones y mejores postres. Este año incluimos a Mark y Lora Batterson, una joven pareja que se había mudado de Chicago a Washington, DC para trabajar en el interior de la ciudad. Aunque éramos lo bastante mayores para ser sus padres, teníamos algo en común: la transición. Todos estábamos siguiendo un nuevo sueño.

Ruth y yo conocíamos a Lora desde que era bebé. Su padre y su madre, Bob y Karen Schmidgall, levantaban una congregación en Naperville, Illinois, para cuando Ruth y yo hacíamos lo mismo cerca de la Universidad de Illinois en Urbana. Conectamos con ellos inmediatamente. Nuestra amistad se mantuvo fuerte aún después de que nos fuimos de Illinois hacia California, casi doce años después.

Con ese buen historial, estar pendiente de sus hijos en Washington, DC era de esperarse. Era natural. Ver a Mark y a Lora soñar su propio sueño completó el círculo de una amistad de treinta años. Compartimos pavo, tarta de frutas y risas. Nos contamos historias y chistes. Y comimos más tarta de frutas.

Mi amistad con Mark creció fácilmente. Cuando él y Lora sintieron el llamado a formar una congregación con diecinueve personas en un viejo edificio de escuela al sureste de DC, escogimos ser dos de los diecinueve. Es muy divertido y muy doloroso empezar algo de la nada. Además, cuando somos jóvenes y tenemos el sueño, necesitas cerca uno o dos ancianos. ¡Al menos por el dinero!

Cuando yo era un pastor novato de veinticuatro años en el 1966, algunas personas con muchísimos años más que yo cambiaron mi mundo. Paul y Eileen McGarvey fueron dos de ellos. Paul era el coach de fútbol de una escuela secundaria local y era quince años mayor que yo.

Después de dos prácticas diarias, él se aparecía en el edificio que estábamos construyendo, y me ayudaba a pintar paredes y a hacer dispositivos de iluminación. Esas luces se veían muy bien. Bueno, lucían bien a veinticinco pies de distancia. Su presencia y su apoyo hacia mí, un joven tartamudo de Oakland, California, hicieron una gran diferencia. Ruth y yo queríamos ser esa clase de presencia para Mark y Lora.

Invité a Mark a acompañarme a algunas de mis reuniones de desayuno en la ciudad. Compartimos café y amigos, y hablábamos de sueños. Mark fue de ser el yerno de mi amigo Bob a ser mi amigo. Yo lo observaba mientras él encontraba su propio estilo de enseñar, y empezó envisionando lo que sería algún día *National Community Church*. Lo vi desarrollarse como padre cuando llegaron Parker, Summer y Josiah. Lo vi soñar algunos sueños bastante singulares y dar los pasos hacia ellos. Lo observé desarrollar su don de escribir, y florecer.

Un día Mark me llevó caminando frente a una casa donde se vendía *crack* en el vecindario y dijo: "¿No sería este un buen sitio para un lugar de café, a solo una cuadra de *Union Station*?". Pocos años más tarde, nos sentamos allí mismo a tomar un *latte* en *Ebenezer's Coffeehouse*. En par de años, por votación, fue reconocido como el *coffeehouse* número 1 en Washington, DC. Observar a alguien estar por su cuenta da una gran satisfacción.

Mark es un hombre del Renacimiento en el mejor sentido de la palabra. Desde su amor por la Escritura a su adicción de leer dos libros a la semana, a la facilidad con que recibe consejos de personas mayores, es un aprendiz voraz. Pero él y yo somos algo diferentes. Él es un buen jugador de baloncesto. Ese no es mi juego. Él ama los *Green Bay Packers*. Yo crecí con los *49ers*. Él lee física cuántica para relajarse. Yo me escapo con Louis L'Amour. Pero la cosa única que realmente nos conecta es el amor a la aventura.

Aventura, según la definición de *Google*, describe "una experiencia o actividad excitante, típicamente peligrosa". Ocurre a menudo sin diseño y tiene un toque de suerte. Sea que se identifique con la aventura original de Jesús viniendo a la tierra para liberar nuestro mundo, o tomar nosotros el riesgo de amar, la aventura es la fuerza de la vida.

En un nuevo lugar de trabajo, un viaje al corazón de la India, o una nueva amistad, la aventura se mueve bajo la superficie. Estábamos destinados para algo más que un viaje seguro, cuando Dios nos puso aquí. Cualquier parte de esta vida que ofrece más, requiere más, o pide más de nosotros que aquello a lo que estamos acostumbrados, es una oportunidad de crecer más, soñar más, y ser más de lo que somos ahora.

En el corazón de todo está el descubrimiento. Hasta ahora, yo le he dado la vuelta al sol más de setenta y tres veces. He descubierto algunas cosas que importan: *Amar en los tiempos difíciles es la mejor clase de amor. Al final del día, la mayoría de las personas hacen exactamente lo que quieren, así que necesitamos enfocarnos en lo que se quiere. La vida es una selva, pero cuando invitamos a Jesús a ser nuestro Guía, todas las apuestas están ganadas.* Como sea que lo mires, esas cosas implican aventura.

Hace veinte años yo pensaba que estábamos invitando a Mark y a Lora para un pavo y mucha tarta de frutas. Aparentemente, estábamos listos para una aventura.

La historia de Mark

Cuando Lora y yo nos mudamos a la capital nacional en mayo de 1994, solo conocíamos un alma, mi compañero de dormitorio en la universidad. Veníamos de fracasar en plantar una iglesia en Chicago y buscábamos una segunda oportunidad. Empacamos todas nuestras posesiones terrenales en un camión *U-Haul* de quince pies, y nos mudamos a DC sin un salario seguro ni un lugar dónde vivir. Algunos llamarían "tonto" a esto. Nosotros escogimos verlo como una *aventura*.

Encontramos un apartamento y empezamos a hacer ministerio en el centro de la ciudad. Dejamos el alma en ese ministerio, pero nadie dejaba el alma en nosotros. Nos sentíamos que estábamos por nuestra cuenta. Al principio eso puede ser muy emocionante, pero no tardamos en sentirnos totalmente solos. Entonces se acercaba el Día de Acción de Gracias. Era nuestra primera festividad grande sin un lugar a dónde ir. Fue cuando ocurrió la conspiración. Dick y Ruth Foth eran viejos amigos de los padres de Lora, Bob y Karen Schmidgall, y yo pienso que mis suegros estaban seriamente preocupados porque estábamos tan lejos de casa sin familia y muy pocos amigos. Así que los Foth no solo nos invitaron para comer un pavo; nos guardaron bajo sus alas.

Dos cosas dejaron una impresión en mí ese Día de Acción de Gracias. La primera fue la tarta de frutas mixtas con mantecado *Haagen-Dazs* de Ruth. ¡Tengo una memoria extraordinaria cuando se trata de comida! La segunda fue el vasto conocimiento de Dick de datos triviales. Si estás jugando *Trivial Pursuit*, Dick Foth es un ganador de primera ronda. Le recuerdo en broma a Dick de vez en cuando, que tiene más conocimiento trivial que nadie que yo conozco. Pero su amplitud de conociminto mientras jugaba *Trivial Pursuit* fue lo primeró que me reveló una curiosidad santa sobre la vida que he aprendido a amar y a admirar en él. Lora y yo nos fuimos de ese pequeño encuentro sintiéndonos amados y cuidados. Para mí, el amor y el cuidado viene en la forma de tarta tibia y un helado de alta calidad. Yo no tenía idea de que Dios convertiría esa comida en una amistad y una mentoría para toda la vida.

Mi primer servicio como pastor de *National Community Church* tuvo lugar en la Escuela Pública J. R. Giddings el 7 de enero de 1996. Solo tres personas asistieron a nuestro primer domingo debido a la infame nevada del 1996: Lora, nuestro hijo Parker y yo. El lado positivo fue que experimentamos un crecimiento de 633 por ciento el domingo siguiente. Dick y Ruth fueron dos de los diecinueve feligreses originales. Hasta trajeron a un senador de los Estados Unidos y su esposa. Eso me puso un poco nervioso, pero también me inyectó confianza. Era un momento definitivo para mí. Lora y yo empezábamos a soñar este sueño de plantar una iglesia en la capital de la nación. No teníamos idea de cómo se vería o cómo lo lograríamos, pero sabíamos que los Foth estaban de nuestro lado. Saber que teníamos personas que creían en nosotros y estaban dispuestos a soñar con nosotros hizo una incalculable diferencia en una etapa crítica de la vida y del ministerio.

Todavía recuerdo mi primer sermón aquel primer domingo. A cincuenta personas mayores de noventa y cinco se les preguntó lo siguiente: *"Si tuvieras tu vida para vivirla otra vez, ¿qué harías diferente?".* ¡Esa es la pregunta perfecta para un grupo de personas con 5.000 años de experiencia de vida acumulada! Recibí tres respuestas como un consenso: "Nos arriesgaríamos más, reflexionaríamos más, y haríamos más cosas que permanecieran después que muriéramos". Después de mi mensaje, el estimado senador comentó sobre eso, diciendo que realmente se lo disfrutó. Lo que él no sabía era que esa era la única ilustración que yo tenía. Tuve que acudir a mis libros de ilustración de sermones y tomar prestada otra para mi segunda semana.

Aunque no tenía mucha experiencia de la vida en ese tiempo, estaba hambriento por aprender. Y sabía que Dick era alguien de quien yo podía tomar una riqueza de sabiduría si él estaba dispuesto a prestármela. Así que

Dick y yo comenzamos a reunirnos consistentemente. Una de las reuniones más memorables fue un almuerzo en el comedor del Senado con el Capellán del Senado de los Estados Unidos, Richard Halverson. El comedor del Senado está abierto solo para miembros del Congreso, dignatarios visitantes, y sus invitados, de manera que es un tremendo honor ser invitado. Estás hombro con hombro con quién es quién en Washington cuando comes allí. Cuando nos sentamos para almorzar, apenas podía concentrarme porque Muhammed Alí estaba sentado directamente detrás de nosotros.

Aquel almuerzo fue parte del curso. Dick Foth invitó a su mundo a un pastor novato de veintiseis años. Compartió su vida, su fe, su sabiduría, y sus amigos. Y la razón es simple: amar es compartir. Es compartir tu tiempo, tu dinero, tu vida y tu tarta de frutas. Dick Foth conoce más cosas sobre más personas que nadie que yo haya conocido jamás. Es una enciclopedia de relaciones que camina y habla. Y su genuino interés en mí me permitió compartir sueños y miedos que nunca había verbalizado a nadie. Dick se convirtió en mi caja de resonancia. Y su vida será un eco en mi vida para siempre- o tal vez debo decir, mi vida será un eco de la suya. Unos pocos años durante la plantación de nuestra iglesia, el padre de Lora murió de un ataque al corazón a la edad de cincuenta y cinco. Yo perdí, no solo un maravilloso suegro, sino al hombre a quien acudía para todas mis preguntas relacionadas con el ministerio. En el funeral de mi suegro, me paré frente a su féretro y le pedí a Dios una doble unción. No estaba seguro de lo que estaba pidiendo, pero sabía que quería hacer una diferencia, igual que la hizo Bob Schmidgall. Admiraba tantas cosas de su vida y su ministerio, y ahora se había ido. Virtualmente cada situación que enfrentaba en el ministerio era una nueva situación, un nuevo desafío. Pienso que el Señor me permitió, a temprana edad, darme cuenta de que si intentamos volar solos, hay una buena posibilidad de que nos estrellemos. Me recuerdo forcejeando con una situación desafiante y expresándole a Lora mi frustración de no tener a su papá a quien acudir. Lora dijo: "¿Por qué no le preguntas a Foth?". Así que hice lo que hacen todos los hombres sabios: ¡Escuché a mi esposa! No es exagerar decir que mi relación con Dick me ayudó a tomar algunas de mis mejores decisiones, y me detuvo de tomar algunas de las peores. Dick se convirtió en más que un mentor. Se convirtió en un padre espiritual y un amigo en quien confiaba.

Más que todo, lo que nos ha conectado a Dick y a mí durante estos pasados dieciocho años es nuestro amor a la aventura. Vivimos por el mismo mantra: *escoge la aventura*. La abordamos desde dos ángulos diferentes. Yo amo un buen desafío. Él ama una buena historia. Pero ambos nacen de la aventura.

Hay una cualidad de niño que yo admiro en Dick. Si lo tuviera que describir en una sola palabra, escogería una de mis palabras favoritas: *neoténico*. Viene de *neotenia*, un término zoológico que significa *retención de cualidades juveniles en la adultez*. Dick es el setentitantos más joven que conozco. Recientemente pasé dos días con un *coach* de vida preparando un plan de vida porque Foth me dijo que lo tenía que hacer. Él hizo el mismo ejercicio el año anterior. ¿Quién prepara un plan de vida en sus setenta? Te digo quién: Dick Foth. Y te digo por qué: aún no está seguro de lo que quiere ser cuando sea grande. Dick está soñando sueños más grandes a sus setenta que los que soñaba a los veinte. Y yo quiero estar cerca de personas como él. Desafía a la muerte y enaltece la vida. Dick me ha enseñado cómo envejecer y mantenerse joven al mismo tiempo. Y yo quiero seguir en eso. En las palabras de Ashley Montagu: "Yo quiero morir joven a una edad madura."[1] Eso es más que una aspiración personal. Es un mandato bíblico. En el reino de Dios, la semejanza a un niño tiene el mismo rango que la semejanza a Cristo. Ser más y más como un niño es la verdadera marca de la madurez espiritual.

Se dice que a Teddy Roosevelt, mi presidente favorito, se le veía a menudo detrás de sus hijos en la Casa Blanca jugando con ellos. Hacía esperar a jefes de estado mientras terminaba de jugar a esconderse. Ese entusiasmo juvenil es algo que Dick personifica. Su espíritu aventurero es contagioso. Y yo pienso que esa infantilidad guarda algo que Jesús dijo: "*Entonces dijo: 'Les aseguro que a menos que ustedes cambien y se vuelvan como niños, no entrarán en el reino de los cielos'*".[2]

Los chicos viven la aventura. Es innato. Viven libres de preocupación, llenos de fe, con sus ojos abiertos para la próxima gran aventura. Nosotros debemos vivir con una anticipación santa de lo que está a la vuelta de la esquina. Ya sea entrenarse para nadar el escape de Alcatraz con mi hija, Summer; caminar el Sendero Inca con mi hijo Parker; un viaje de una semana para navegar en balsa a través del Gran Cañón con Josiah; o un retiro de *Jugar y Orar* con nuestro personal. Yo estoy siempre anticipando mi próxima aventura. Cuando ves la vida como una aventura, ¡tus esperanzas y tus sueños no están más lejos que a un día de distancia!

Una de las lecciones que he aprendido de Dick es que la aventura clama por compañía. Cuando estaba en mis veinte, la mayoría de mis metas giraban alrededor de mi propio desarrollo personal. Pero según doy más vueltas alrededor del sol, tiendo hacia el compañerismo. Casi todas mis metas de vida—y enumeré 113 en *El Hacedor de Círculos*—tienen un componente relacional. Unos años atrás pasé un día mágico en *Catalina Island*, justo fuera de la costa del sur de California, y me enamoré de ella. Pero estaba allí por mi cuenta, pensando que *desearía que Lora estuviera aquí*. Así que una de mis metas de vida es regresar a *Catalina* con Lora. El primer triatlón que corrí solo fue una descarga de adrenalina, pero no se compara a cruzar la meta con Parker cuando tenía trece años. He reorientado casi todas mis metas de vida para involucrar a alguien a mi lado, porque no quiero cruzar la meta por mí mismo.

Cuando creces al desafío de una vida aventurera, tus días serán más ricos y tu alma estará más plena. Habrá más riesgos, más atrevimientos, y más obstáculos. Y a cambio, habrá más memorias que empezaron como sueños. La aventura no ocurre por accidente. Tiene que ser intencional.

Una vez escribí un artículo de revista titulado *Get a Life*.[3]

Era una exhortación a mi tribu, los pastores. Tengo una teoría: si tus sermones son aburridos, es probablemente porque tu vida es aburrida. Tú tienes que hacerte *una vida* fuera de las cuatro paredes de la iglesia, de manera que realmente tengas algo qué decir con lo que las personas puedan identificarse. Si quieres predicar sermones más interesantes, vive una vida más aventurera. Y esa exhortación no es solo para predicadores. No importa quién seas o lo que hagas: *tu vida es tu sermón*. Para llevarlo más allá, tu vida es una traducción única de la Escritura. Yo soy la versión MAB. Dick es la RBF. Tú puedes ser la única Biblia que algunas personas jamás leerán. Así que la pregunta es: *¿Eres una buena traducción?*

En Juan 10:10, Jesús dijo: "*...yo he venido para que tengan vida, y la tengan en abundancia*". ¿Otras personas ven tu vida y quieren lo que tú tienes? ¿O no quieren nada de ella? La vida abundante que Jesús ofrece es bidimensional: cuantitativa y cualitativa. Por cuantitativa, quiero decir vida eterna. Es la definición de "felices para siempre". Por cualitativa quiero decir una vida aventurera – una vida que es de todo menos aburrida. Esa fue la intención original de Dios cuando creó la humanidad. Cuando Dios terminó de crear los cielos y la tierra, le dijo a los que llevaban su imagen que tomaran dominio de ella. Era una invitación para explorar cada pulgada cuadrada del planeta Tierra. Eso ciertamente no significa que tienes que ser un oceanógrafo astronauta para cumplir esa comisión del Génesis. Las grandes aventuras no están a mitad de camino alrededor del mundo. Están con frecuencia justo al cruzar la calle, en el pasillo o en el asiento a tu lado. No tienes que salir a buscar aventura. Si sigues a Jesús, la aventura viene a buscarte. Jesús no cargó una cruz hacia el Calvario para que pudiéramos vivir una vida a medias. Él murió para que viviéramos en el más verdadero y más pleno sentido de la palabra.

Yo he dado cuarenta y cuatro vueltas alrededor del sol al momento que escribo este libro. Y no puedo esperar a las próximas cuarenta y cuatro, Dios mediante. Quiero vivir mi vida con un infantil sentido de aventura. Quiero dejar un legado que esté lleno de fe y lleno de diversión. Y sé que las aventuras más grandes siempre se hacen en conjunto con las personas que más amas. Así que pasaré mis días soñando sueños grandes y orando oraciones atrevidas. Quiero vivir mi primera ilustración de sermón. Como aquellos que han dado noventa y cinco vueltas alrededor del Sol, quiero arriesgar más, reflexionar más, y hacer más cosas que permanezcan después que yo muera.

¿Te unes a nosotros?

Escoge la aventura.

1

Por el Amor al Riesgo

→ **La historia de Dick**

10 de junio de 1945. Quinta Avenida, Ciudad de Nueva York. Un rugido gigantesco subió a los cielos y el teletipo llenó el aire. Las personas empezaron a gritar: "¡Allí está, aquí viene!".

En pantalones cortos y ondeando una bandera americana, mi papá me llevaba de la mano en medio de una multitud de neoyorquinos frenéticos. El día estaba brillante y el aire, eléctrico. Las personas inundaban las aceras como hormigas, desbordándose por las calles circundantes. Sus vítores subían y bajaban como las olas agitadas del Atlántico. Las corrientes de la Segunda Guerra Mundial habían cambiado su curso, y se había establecido en Europa una marea de paz. Las emisoras de radio y los periódicos proclamaban las noticias de que Alemania y su gran tirano, Hitler, habían caído ante el empuje de los Aliados, y se había firmado un tratado. Las tropas que estaban en Europa regresarían a casa.

Caballos relucientes montados por los mejores de uniforme azul de Nueva York desfilaban a medio galope ante nosotros. De repente, ahí estaba él. El General Dwight David Eisenhower, Comandante Supremo Aliado en Europa, paseaba de pie en la parte de atrás de un convertible gris, sonriendo abiertamente y saludando con emoción a las multitudes que vociferaban. Esa imagen poderosa permanece conmigo hasta hoy.

Adelántate algunas semanas a las cubiertas salpicadas de sal del SS *Gripsholm*, un trasatlántico sueco. Yo era un chico de tres años de edad en un viaje por mar hacia India con mis padres, educadores de misioneros, y mi hermana. Habíamos anclado en Nápoles, Italia. Cuando los perseguían, los nazis habían explotado las facilidades del puerto. Las áreas de almacenaje bombardeadas eran como una cicatriz en el paisaje, igual que las proas destrozadas de los barcos hundidos que perforaban la superficie del puerto como lápidas en un cementerio cenegoso. No recuerdo haberme asustado. El aroma salobre del agua de mar llenaba mi nariz, y el tamboreo del motor del barco que vibraba bajo mis pies se traducía en una cosa: ¡aventura!

Esa sensación se disparó cuando atracamos en Bombay, India. Llegamos al muelle a una cacofonía de idiomas como Hindi y Gujarati y Malayalam, dándonos vueltas como una sopa espesa de tono y entonación. El sofocante calor envió el sudor a moverse como serpiente bajando por nuestras espaldas y piernas. Los olores de especias, té y personas llenaron el aire.

Esta era la tierra de Gandhi y Tagore, el pordiosero y el maharajah, el tigre de Bengala y la cobra rey. India embistió mis sentidos. Era aventura con millares de colores, sonidos y aromas. Durante los próximos cuatro años, vivimos en el lejano sur de este subcontinente. Tres de esos años, mi hermana y yo abordábamos el vagón de un tren de vapor que iba resoplando 6.000 pies hacia arriba a las plantaciones de té de las Montañas Nilgiri. ¿Nuestro destino? Una escuela británica de internado llamado Hebron. Conocí la educación británica con todas sus disciplinas y memorización, contra un telón de fondo de intensa pobreza, belleza trascendente, y una y otra vez el sonido de tambores, címbalos, y flautas que anunciaban los festivales hindúes en el pueblo cercano.

Hoy tienen un acrónimo para mi tipo de experiencia. Es CTC, para "chico de tercera cultura". Es un chico a quien, a temprana edad, se le presenta a una cultura diferente a la de sus padres. Esas culturas se mezclan para crear una tercera cultura. Lo que no era mi hogar nativo influyó grandemente en mi yo nativo. Eclesiastés dice: "¡La cuerda de tres hilos no se rompe fácilmente!".[1] Se refiere a la fortaleza que las personas reciben de mantenerse unidas, trabajando mano a mano, no solas. Yo pienso que una de mis cuerdas triples es cultural: americana, británica e india. Ellas no son cuerdas iguales, pero son reales y son mías.

El escritor sureño William Faulkner escribió: "El pasado nunca está muerto. Ni siquiera ha pasado."[2] A este día, cuando camino por la sección de condimentos de un supermercado y huelo el polvo de curry, estoy en India. Esa conexión olfativa ocurre en un abrir y cerrar de ojos. Cuando veo

Chariots of Fire o *Downton Abbey*, los acentos y el sistema de clases me capturan. Estoy allá.

Las raíces tiernas nutridas en el suelo de gran entusiasmo y nuevas posibilidades producen una planta con hojas extendidas. Yo estoy moldeado por la amplitud de mis experiencias tempranas y la profundidad de mis experiencias en aquellos años. Estas memorias me han hecho lo que soy.

Cada retrato vívido parece gritar una sola cosa: *Yo fui hecho para una aventura*. En algún lugar de mi ADN hay una hebra con la marca "Aventura Foth". No hay duda de que es una combinación de genética y aquellos primeros encuentros con culturas decididamente diferentes, pero yo veo la vida como una gran aventura. Nuevas oportunidades y nuevos amigos están siempre a la vuelta de la esquina. El desenlace de mañana será mejor que el de hoy. La vida rebosa de posibilidades y está abarrotada de descubrimientos. Así que una vuelta alrededor del sol puede ser 365 días de flagrante aventura.

Me pregunto si Abraham se sentía así cuando obedeció y fue a una tierra que no conocía.[3] O Jesús en la carrera a Egipto a sus dos años, cuando sus padres intentaban escapar de un vengativo Herodes.[4] O Moisés, un niño hebreo, encontrado en el Nilo en una canasta de junco por una princesa egipcia, y criado en una familia de la realeza.[5]

He llegado a creer que desde el momento de la concepción, somos formados con una aventura en mente. Fuimos creados para tocar, saborear, oler, ver y oír la vida. Nuestro Creador tiene planes grandes para nosotros: no acomodarse a la mediocridad. Más bien, tenemos un alto llamado grabado en nuestros huesos y escrito en nuestros corazones.

Dios quiere involucrarnos desde nuestro primer llanto hasta nuestro último aliento, y llevarnos a una vida que Él ha soñado para nosotros. Si nuestras memorias más tempranas son navegar por altamar en un barco de vapor, o entrar solos a un salón de kindergarten por primera vez, la exploración del mundo dentro de nosotros y a nuestro alrededor tiene un ritmo de tambor. Y el ritmo continúa.

Fuimos hechos para explorar. Para algunos de nosotros esa exploración es más externa que interna, como el Almirante Peary yendo hacia el Polo

Norte. Para otros es más interna que externa, como Pascal y sus pensamientos, o las contemplaciones de Thomas Merton. Cualquiera que sea, fuimos hechos para la curiosidad y más. Ese diseño nos impulsa. Moldea nuestro pensamiento y nuestros sueños. Da forma a nuestras expectativas de lo que la vida debe ser, y establece el fundamento de quién llegaremos a ser. Moldea nuestro destino.

Yo lo afirmaría; es nuestro destino. Cuando conocí al Mark Batterson de veinticuatro años de edad en el 1994, conocí a un alma gemela. Teníamos raíces muy diferentes, pero una manera de pensar en común. Apenas sabía algo sobre él, pero presentí una posibilidad de que algo bueno estaba pasando. Yo no sabía.

 La historia de Mark

Se dice que Alfred Adler, el famoso psicólogo, empezaba cada sesión de consejería pidiendo a sus clientes que le contaran su recuerdo más temprano. Ellos compartían esos recuerdos, e independientemente de sus respuestas, Adler decía: "Y así es la vida". Si tu recuerdo más temprano es viajar en un avión para visitar a tus abuelos, tu vida es un viaje. Si tu primer recuerdo es acurrucarte bajo las sábanas en una noche de verano con estruendo de truenos y centellantes relámpagos, la vida es una tormenta.

Yo tengo una teoría: 87.2% de lo que pensamos sobre nosotros puede rastrearse hasta algunas experiencias cruciales. Está bien, me inventé ese porcentaje. Pero genuinamente creo que nuestra perspectiva de la vida la determinan algunos pocos momentos decisivos cuando Dios nos encuentra y nosotros encontramos a Dios. Es la lucha cuerpo a cuerpo de Jacob con Dios. Es Moisés frente a la zarza ardiendo. Es Jonás en el vientre de la ballena. Es Pedro caminando sobre el agua. Esos momentos son más que memorias del pasado. Son astigmatismos espirituales. Son los lentes a través de los cuales percibimos el presente y soñamos con el futuro. Esos son los momentos cuando Dios nos ayuda a vernos a nosotros mismos como quienes realmente somos.

Uno de mis recuerdos más tempranos tuvo lugar a la edad de cuatro años. Acostumbraba tomar prestada una bicicleta de un amigo más abajo en la calle, con o sin su permiso. Un día se cansó. Bajó a mi casa y dijo: "No puedes tomar prestada mi bicicleta más".

"¿Por qué no?", pregunté.

"¡Porque mi papá le quitó las ruedas auxiliares para que tú no la puedas correr!". Él tenía una mirada de triunfo en sus ojos. Bajé a su casa y monté su bicicleta. En el corto paseo de regreso a mi casa, aprendí cómo correr bicicleta sin ruedas auxiliares. La estacioné a la entrada de mi casa y bajé el soporte. ¡Entonces *yo* tenía en mis ojos la mirada de triunfo! Así es como estoy programado. Dime que haga algo y estoy desmotivado. Dime que no puede hacerse, y voy a morir intentando hacerlo. Y voy a amar cada minuto de intentarlo. ¿Dónde está el placer de lograr algo que es humanamente posible? Dame probabilidades insuperables y me engancho. La vida es un desafío. Y así es la vida, como diría Alfred Adler.

No he cambiado mucho en las cuatro décadas desde que corrí por mi cuadra en dos ruedas. Cuando me dices que algo es imposible, me estás dando un pase rápido hacia mi próxima gran aventura. Dime que no y voy a empezar a buscar un sí. No importa si es volar en paracaídas sobre el Valle Sagrado en Perú, caminar el Gran Cañón de borde a borde. ¡Amo el desafío! Riesgo mínimo igual a satisfacción mínima. Máxima improbabilidad igual a máxima posibilidad.

Pienso que heredé mi amor por correr riesgos a través de mi línea materna. Mi abuelo materno, Elmer Johnson, era un aventurero extraordinario. Está mejor evidenciado ocupacionalmente. Él fue electo primer juez municipal de Fridley, Minnesota. Él y mi abuela eran dueños y operaban un puesto de *A&W Root Beer*. Y él era un profesor en *Northwestern Bible College* en Minneapolis, Minnesota, durante la breve administración de Billy Graham como presidente. De hecho, una de las fotos más preciadas en nuestro álbum familiar es una de Billy Graham con una media de nilón sobre su cabeza en una fiesta de la que mis abuelos fueron anfitriones. No tengo idea de qué clase de juego estaban jugando, pero a mi abuelo le encantaba la diversión. Tenía un entusiasta sentido del humor y un amor a la vida aún más entusiasta. Él tomaba muy en serio a Dios, pero no se tomaba muy en serio a sí mismo. Y eso lo capacitaba para andar al ritmo de su propio tambor.

Mientras era profesor en la Universidad de Minnesota en los años 60, mi abuelo incluyó a toda su familia en sus aventuras. En los meses de verano la familia empacaba todo en el carro y guiaba hacia el bajo sur para cobrar préstamos estudiantiles. En un tiempo de gran segregación racial, él con frecuencia llevaba a su familia a visitar iglesias negras los domingos. Se sentía tan cómodo en esas congregaciones como en su propia iglesia. Hasta compartió testimonios improvisados una o dos veces. Las normas culturales no dictaban su habilidad de involucrarse y apreciar el mundo a su alrededor.

Cada familia tiene su propio folklor, historias más grandes que la vida, historias que cobran vida propia. Una de estas historias en nuestra familia es cómo mi abuelo empezó a usar camisa de franela para los servicios nocturnos del domingo, cuando un traje y corbata eran la orden del día. Mi abuelo fue criticado por eso, especialmente cuando era diácono. Pero él sentía que podía alabar mejor a Dios si tenía puesta una camisa cómoda. ¡A mí me hace sentido! No estoy seguro de cuál gene fue responsable de esa decisión sobre la moda, pero cualquiera que fue, yo la heredé. Si estoy vestido de traje, usted puede estar seguro de que estoy a punto de casar a alguien o de enterrar a alguien.

Recuerdo visitar la casa de mis abuelos en el río Mississipi cuando chico y estar fascinado. Además de su amor por la aventura, mi abuelo amaba la historia. Una de sus posesiones preciadas era una rara colección de fósiles de dinosaurio. Y había una regla en el hogar de mis abuelos: *¡no toques mis fósiles!* Ellos eran el árbol de la sabiduría del bien y del mal. Para un niño de cinco años, eran también misteriosos y atractivos. Si recuerdas, mi vida tiende a suceder en términos de desafío. Y en más de una ocasión, eso me ha causado un poco de problema. Yo tomé uno de esos inapreciables fósiles pensando *No daño, no castigo.* Entonces resbaló de mis manos de cinco años de edad, cayó en el piso y se rompió en dos. Nunca olvidaré la sensación de presagio que resbaló sobre mí cuando mi abuelo entró y evaluó la situación. Él no dijo nada. Me cargó y me retuvo muy cerca. Sin usar palabras, me dijo alto y claro: "*Mark, tú eres mucho más valioso para mí como nieto que lo que ese fósil de dinosaurio podría ser jamás*". El presagio fue remplazado por una abrumadora sensación de ser amado. Era mi primer vistazo de la gracia asombrosa. Vi el poder de lo que ocurre cuando alguien te ama cuando menos lo esperas y menos te lo mereces. Cambia la vida. Te vivifica. Esa clase de gracia te libera de culpa pasada y miedo futuro. Te permite experimentar el presente como un *presente* – un regalo de Dios.

Estas dos memorias son el ancla de los recuerdos de mi niñez: un momento de osadía que sube la adrenalina, y una sensación de gracia que lo envuelve todo. Asunción de riesgos y perdón. Experimentar y dar esperanzas. Es la doble hélice de la aventura que corre a través de mi vida y mi ministerio. Un gran aventura puede moldear tu destino. Un paseo en bicicleta sin ruedas auxiliares liberó al arriesgado en mí. El abrazo de un abuelo me plantó firme en la gracia. Cada uno me puso en un camino de libertad; la libertad de ser yo. Cada uno abrió una nueva puerta: la puerta hacia la aventura.

Tú estás programado para una aventura que es tan única como tú. Quizás piensas que no eres un aventurero. Tal vez nunca te pares en la cubierta de un trasatlántico y sientas el rocío salino en tu cara, ni mires hacia abajo el gran desfiladero del Gran Cañón escalándolo de borde a borde. Pero todos estamos programados para la máxima aventura de seguir a Jesús. Cuando Jesús llamó a los discípulos a seguirle, la persona promedio en el primer siglo nunca viajaba un radio de treinta millas de su lugar de nacimiento. Estos hombres planeaban vivir sus vidas enteras pescando en el Mar de Galilea, pero Jesús los envió a los confines de la tierra. Los llevó a aventurar con Él: subieron al Monte de la Transfiguración, navegaron el Mar de Galilea, y fueron a largos viajes de campamento. En el camino, fueron testigos de milagros extraordinarios regularmente. E hicieron más que ser testigos. Ellos filetearon los pescados de la pesca milagrosa y se los comieron. Brindaron con el agua que Jesús convirtió en vino, y se lo tomaron hasta los residuos. Abrazaron a Lázaro mientras él aún vestía la ropa de la tumba. Tú no puedes ponerle una etiqueta con precio a esa clase de experiencias, pero una vez que las has tenido, te definen para siempre.

La misma naturaleza del evangelio es Jesús invitando a los discípulos a una aventura, para hacer lo que nunca habían hecho e ir a donde nunca habían ido. ¡Nunca un momento aburrido! Søren Kierkegaard, el teólogo danés del Siglo 19, fue tan lejos como para decir: "El aburrimiento es la raíz de todo el mal". El aburrimiento no es solo aburrido. Está mal.

Nadie sabe cuántas vueltas alrededor del Sol Dios le va a dar, pero Jesús te está llamando a la misma aventura que a sus discípulos originales. Te está ofreciendo una vida llena de desafío. ¿No quieres entrar en acción? Al momento que digas que sí, comienza la aventura.

Y así es la vida.

Cuando sigues a Jesús, todas las apuestas están ganadas.

2

Acumula Experiencias

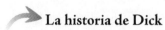 **La historia de Dick**

El pintoresco río Charles corre su camino a través del Massachusetts rural, y desemboca en el puerto de Boston. *Harvard, Boston University, y MIT* todos tienen sus hogares a lo largo de estas históricas orillas, y sus aguas son sede para la Regatta Charles. En un caliente día de verano, el río bulle con remadores y tensas velas blancas de botes en rumbo.

El verano de 1983 nos encontró a Ruth, a mí y a nuestros cuatro hijos sentados sobre una manta de picnic a las orillas cubiertas de hierba del Charles al anochecer. No estábamos solos. Éramos una familia en una multitud de 250.000 que habían venido a celebrar el 4 de Julio en el malecón del río Charles.

La humedad del día se alivió cuando una brisa fresca salió del agua. Acorralados por las mantas de picnic, las neveras de hielo, juerguistas de fin de semana y estudiantes universitarios, escuchamos embelesados cuando las primeras notas de *"The Star-Spangled Banner"* llenaron la noche de verano. A nuestras espaldas, John Williams dirigía la orquesta *Boston Pops* en una imponente interpretación de nuestro himno nacional desde el escenario de *Hatch Shell*. Nuestros nuevos amigos, los Corey, naturales de Boston y compañeros aventureros, nos estaban presentando el 4 de Julio, estilo costa este. Nos deleitamos en la agitada pompa del Día de la Independencia en una ciudad tan rica en historia.

Habían repartido páginas de canciones para cantar y fundas de basura para limpiar cuando entramos a la Explanada. Levantamos nuestras voces con otros miles al sonido de los violines. Una dama a nuestra derecha asumió una postura operática, plantando sus pies en la loma cubierta de hierba, cantando a todo pulmón las notas altas como si estuviera haciendo una ejecutoria profesional. En pocos minutos, a medida que la *Obertura 1812* alcanzaba *in crescendo*, fuegos artificiales estallaron en el cielo nocturno y florecieron como un millón de estrellas púrpura, verdes y rojas sobre nuestras cabezas. Las explosiones de colores reflejadas en el agua, los yates y los botes de vela ensartados con luces, el estruendo de los explosivos, y las miradas de asombro en las caras de nuestros hijos son cosas que nunca olvidaré. Esas son las cosas que no se pueden comprar. El regalo de la experiencia no tiene precio.

Durante los próximos días, Hugh y Esther Corey y su familia nos mostraron la riqueza de un verano de Massachusetts. Explorando los puestos del mercado de *Faneuil Hall's circa-1742*. Surfeando con el cuerpo en las tibias aguas de la costa de Cape Cod. Saboreando langosta fresca traída del Atlántico, aderezada con mantequilla, y una crujiente *hush puppy* de Nueva Inglaterra. Descubrir la pronunciación bostoniana apropiada de un *chocolatey fudgesicle ("fudge-ickle")*. Cada día era mejor que el anterior.

Ruth y yo decidimos temprano en nuestro matrimonio que si teníamos que escoger entre dar a nuestros hijos experiencias o cosas, les daríamos experiencias. Siempre podían tener cosas. Una de las maneras en que hicimo eso fue viajando. No permitimos que los salarios modestos nos detuvieran. Empacábamos alimentos y juegos, y parábamos de vez en cuando para jugar. Después de todo, las experiencias conectadas al juego son a menudo la manera como aprendemos. No lo sabía intelectualmente en aquel momento, pero lo aprendí después y sé que es cierto. Está en el corazón de quiénes somos como seres humanos.

Stuart Brown, médico, psiquiatra, y fundador del *National Institute for Play* dice que *el juego, no la* necesidad , es la madre de la invención. Y jugar no es solo para chicos. Él informa:

> Un estudio realizado por la *National Geographic Society* en Okinawa, Japón, reveló que involucrarse en actividades, como jugar con niños, era tan importante como la dieta y el ejercicio, para fomentar la longevidad legendaria de las personas de Okinawa…Cuando paramos de jugar, paramos de desarrollarnos y cuando eso ocurre, las leyes de la entropía toman posesión—las

cosas se derrumban... Cuando dejamos de jugar, empezamos a
morir. [1]

Fue una invitación a hablar en una conferencia de hombres que nos había
llevado al este. También era el verano antes de que nuestra hija Erica se
graduara de escuela secundaria, así que tomamos eso como una invitación para aventurar. La conferencia tuvo lugar durante un fin de semana,
y nosotros lo mutamos en un viaje de un mes. Pasamos veintiocho de esas
treinta noches en los hogares de amigos, durmiendo en habitaciones de invitados, en pisos y en sofás-camas. Eso es lo que nos gusta llamar "deambu-
lación creativa". ¡Nosotros deambulamos creativamente por la Costa Este!

Caminamos el *Freedom Trail* de Boston, y vimos la linterna que fue colga-
da en la *Old North Church* para la cabalgata de medianoche de Paul Re-
vere. Nos quedamos en una posada en Vermont, que una vez fue sede del
estudio de Norman Rockwell, y nos mecimos en un columpio de cuerda
sobre su arroyo. Pescamos en los *Outer Banks* de *Cape Hatteras*, y vimos
una re-creación del primer asentamiento de Inglaterra en *Roanoke Island*,
llamada *La Colonia Perdida*.

Aquellos treinta días de aventurar dieron a luz memorias irremplazables,
copiosas cantidades de risa, relaciones que florecen hasta este día, y un
amor por la historia que ha sido pasado a nuestros hijos. Nuestra segunda
hija, Jenny, se enamoró de Boston y regresó en sus años postgraduados
para asistir a *Gordon-Conwell Theological Seminary*. Barry, el hijo de Corey,
se convirtió en presidente de *Biola University* y se mantiene como amigo
cercano y colega. Pocas veces comemos "fudge-ickle" sin pensar en él. Este
verano está alojado en las memorias de nuestros hijos como "el verano".
Vivimos la vida al máximo y algo más.

Años más tarde Barry, su esposa, Paula, y sus tres hijos se mudaron de
Boston a Los Angeles. Paula y sus hijos menores volaron a California. Barry inventó la aventura de una experiencia con Anders, su hijo de catorce
años, viajando por carretera para acercarse el uno al otro. Guiando un viejo
Volvo y ataviados en pantalones cortos y *clogs* daneses, arrancaron con un
conjunto simple de reglas: ver un juego de béisbol de grandes o pequeñas ligas tan a menudo como fuera posible en la ruta, y nunca comer en
un restaurante de cadenas. ¡Qué tiempo pasaron! El combo *Volvo-y-clog*
tuvo que ignorar algunas cejas alzadas cuando asistieron a una carrera de

stock-cars en la *Route 66* Motor *Speedway* en Amarillo, Texas. Fuera de eso, estuvieron bien.

¿Quién sabe qué sueños pueden echar raíces en los corazones de los niños cuando escoges vivir tu vida aventurando? ¿Quién puede deducir qué nuevas esperanzas nacerán cuando escoges experimentar la vida, en vez de solo pasar por ella? ¿Cuáles relaciones se formarán, y continuarán creciendo y floreciendo a lo largo de sus vidas? ¿Cómo cuantificas el impacto de exponer a tus hijos a historia, relaciones, y buena comida, todo de una vez? ¿Cómo cuantificas el impacto que todo tiene en todos ustedes?

Ambos Jesús y Pablo nos llaman a tener experiencias. Me intriga que Jesús pasó tanto tiempo comiendo con personas. Me aturde que él fue ejecutado porque comió con las personas incorrectas. Lucas registra el desagrado de los fariseos:

> *Luego Leví le ofreció a Jesús un gran banquete en su casa, y había allí un grupo numeroso de recaudadores de impuestos y otras personas que estaban comiendo con ellos. Pero los fariseos y los maestros de la ley que eran de la misma secta les reclamaban a los discípulos de Jesús: "¿Por qué comen y beben ustedes con recaudadores de impuestos y pecadores?" No son los sanos los que necesitan médico sino los enfermos", les contestó Jesús. "No he venido a llamar a justos sino a pecadores para que se arrepientan."*[2]

Y tan estructurado como el apóstol Pablo es con su idioma forense y legal, cuando viene a sus sueños, lo pone en lenguaje de experiencia:

> *Lo he perdido todo a fin de conocer a Cristo, experimentar el poder que se manifestó en su resurrección, participar en sus sufrimientos y llegar a ser semejante a él en su muerte. Así espero alcanzar la resurrección de entre los muertos.*[3]

Nuestras experiencias forman nuestra manera de pensar, la manera que interactuamos uno con otro, y la manera en que vivimos. Ellas añaden riqueza, profundidad y significado a nuestros días. Hoy puedes darles a tus hijos juguetes que rápidamente acabarán en la basura de mañana. O puedes darles una experiencia viva, que respire, que forme sus almas, enriquezca sus vidas, y haga su mundo y el tuyo un portal hacia el mañana. Un día explorando los bosques detrás de tu casa, un fin de semana compartiendo historias y desayunos hechos en casa con los abuelos, o unas vacaciones fuera de la ciudad visitando la familia de tu compañero de dormitorio en la universidad puede impactarlos para el resto de sus vidas.

Cuando pienso en todas las cosas únicas que Mark ha hecho y quiere hacer, estoy inspirado. Me hace querer tener cuarenta y cuatro otra vez, y volver a correr la carrera. Prestaría atención. Pensaría más estratégicamente. Él me ha ayudado por la forma en que piensa intencionalmente sobre la experiencia y el juego.

No sabemos el número de vueltas alrededor del sol que llegaremos a disfrutar. Solo Dios sabe. Pero saturar esas vueltas con personas y lugares, momentos y memorias, crea una riqueza que nunca se detiene. Esto permite la pregunta: "¿Recuerdas cuando...?". para encender el gozo otra vez.

 ## La historia de Mark

En su aventurera memoria, *A Touch of Wonder*, Arthur Gordon comparte uno de los momentos decisivos de su niñez. Cuando era pequeño, su familia pasaba sus veranos en un chalet a la orilla del mar. Tarde una noche, después de que Arthur se durmió, su padre entró a su cuarto, lo sacó de la cama, y lo cargó hasta la playa. Entonces le dijo a Arthur que mirara hacia el cielo nocturno y observara. Exactamente cuando su padre lo decía, una estrella fugaz surcó el cielo. Entonces otra. Y otra. El padre de Arthur le explicó que ciertas noches de agosto, el cielo hacía su propio despliegue de fuegos artificiales. Seis décadas más tarde, esta es una de las memorias más felices de Arthur Gordon.[4]

Al reflexionar sobre la influencia de su padre, Gordon dijo que su padre creía que una experiencia nueva era más importante para un niño pequeño que una noche de sueño ininterrumpido. En las palabras de Gordon: "Yo tenía la cuota usual de juguetes, pero esas ya las olvidé. Lo que recuerdo es la noche que las estrellas se cayeron, el día que paseamos en el furgón de cola, la vez que intentamos desollar el cocodrilo, el telégrafo que hicimos que de verdad funcionó."[5]

¿Qué recordarán tus hijos de su niñez?

Te daré una pista: no serán las cosas que les compraste. Serán las cosas que hiciste con ellos. Y probablemente no sean las cosas que planificaste como padre. Serán los momentos improvisados que solo puede identificar el sexto sentido de un padre. Si capitalizas en esos momentos, harás la misma clase de impresión en tus hijos que la que hizo el papá de Arthur Gordon en él.

Arthur Gordon capturó la esencia de la habilidad de su padre para hacer memorias de esta manera: "Mi padre tenía, a un grado maravilloso, el don de abrir puertas para sus hijos, de dirigirlos a áreas de espléndida novedad. Este, seguramente, es el más valioso legado que podemos pasar a la próxima generación: no dinero, no casas o herencias, pero una capacidad para las maravillas y la gratitud, un sentido de alegría y de estar vivo".[6]

Yo quiero ser la clase de papá que abre puertas para sus hijos. Yo quiero alimentar su curiosidad y encender su sentido de aventura. Y las oportunidades para hacerlo se presentan solas todo el tiempo. Simplemente necesitamos entrenarnos para verlas y aprovecharlas.

Nuestras vidas no solo se miden en minutos. Se miden en momentos- momentos cuando los minutos se detienen. ¡Y son esos los momentos decisivos que definen nuestras vidas! La vida se convierte en una aventura cuando empezamos a ver lo milagroso en lo mundano. Cuando nos abandonamos a nuestra pasión, o le damos un abrazo de oso a un nuevo desafío, eso cambia nuestra perspectiva de la vida.

Recientemente pasé un fin de semana inolvidable con mi amigo Bob Goff. Para récord, Foth nos presentó la primera vez. ¡Sorpresa, sorpresa! Bob Goff puede ser la persona más extravagante que conozco. Invitó a algunos amigos a su cabaña en Malibu. No Malibu como en California. Malibu como en medio de la nada, Canadá. Nos tomó ocho horas en bote llegar allá. Pero cuando llegamos, nos esperaba un bote de plataforma con una banda de desfile totalmente uniformada. Había hasta alguien interpretando las gaitas, en falda escocesa. Eso estableció el tono para el fin de semana. Al momento de partir, Bob saltó del muelle completamente vestido mientras decía adiós con sus manos. Es una tradición. Bob es un creador de momentos.[7] ¡Yo también quiero ser uno!

Una de mis pasiones es las misiones. Difundir las buenas nuevas del amor de Dios en el extranjero y en el país, a través de ayuda financiera, es algo en lo que creo de todo corazón. Una de las primeras cosas que hicimos en nuestro primer año como iglesia principiante fue escribir un cheque sacrificial para las misiones. No teníamos mucho dinero, pero queríamos que el dinero que teníamos sirviera para algo. Cuando das tu dinero a algo en lo que crees demuestra que tienes tu piel en el juego. Pero dar puede ser un pretexto para ir. La pasión por las misiones adopta un sentido de posesión totalmente diferente cuando dejas en casa tu chequera y te subes a un avión.

El 27 de mayo de 2005 es uno de los días más memorables de mi vida, y yo aprendí una lección que ha definido mi vida desde entonces. Fue el último día de nuestro viaje de misiones a Etiopía. La fecha está sellada en mi memoria porque fue uno de los días más locos de mi vida. La descarga de adrenalina que experimenté no tiene paralelo. Después de una semana de intensa ministración, nuestro equipo se internó en la selva del campo etíope. Unos pastores con AK-47s nos capturaron a punta de pistola, nadamos en un manantial natural calentado por un volcán, y condujimos a través de *Awash National Park*— todo en una aventura de un día. Terminamos alabando a Dios alrededor de una fogata. Esa noche, guardado en mi casa de campaña, escribía sobre el asombroso día que acababa de experimentar, y escuché la pequeña voz del Espíritu Santo decir: "Mark, no acumules posesiones, acumula experiencias". Ese momento, en medio de un parque de diversiones africano, transformó la manera en que veía la vida.

Yo pienso que la mayoría de nosotros pasamos la mayor parte de nuestras vidas acumulando lo incorrecto: posesiones. ¡Y acabamos poseídos por nuestras posesiones! Nosotros no poseemos cosas. Ellas nos poseen a nosotros. Pero esa noche tomé una decisión de que acumularía experiencias, y lo he estado haciendo desde entonces. Ese mantra de dos palabras – acumular experiencias—es mi *modus operandi*. Enmarca mi vida. También enmarca nuestra familia. Lora y yo queremos que nuestros hijos entren en la acción, y es nuestro trabajo diseñar esas experiencias.

Cuando Parker tenía seis años, lo llevé a pescar al *Tidal Basin* en la sombra del monumento a Jefferson. Parker nunca antes había pescado, así que tuve que hacerlo todo por él. Puse la carnada en el anzuelo, y lancé la caña.

Observé el corcho y puse el anzuelo. Entonces, según la línea empezó a tirar, enrollé el carrete con el pez hasta que estuvo fuera del agua. Fue entonces que le di el carrete y tomé mi cámara de video para capturar su imagen atrapando *su* primer pez. La verdad es, ¡todo lo hice yo! Yo preparé a Parker. Diseñé la experiencia. Y eso es parte de mi portafolios como padre. Yo orquesto oportunidades para mis hijos. ¡Y eso es precisamente lo que el Padre celestial hace por nosotros!

Efesios 2:10 es uno de los versículos de mi vida: *"Nosotros somos su hechura, creados en Cristo Jesús para buenas obras, que Dios preparó de antemano"* (traducido de la versión ESV en inglés).

Pablo está haciendo referencia a una costumbre del Medio Oriente que se practicaba ese día y en esa época. Cuando un rey emprendía un viaje, sus siervos se iban unos días antes que él para asegurarse de que el viaje sería seguro, y para encargarse de cualquier problema antes de que él llegara. Preparaban el camino para el rey. Ellos eran su servicio secreto; su equipo de avanzada. El Padre celestial le da vuelta a este concepto para nosotros, sus siervos. En vez de siervos ocupándose de su rey, el Rey de Reyes se ocupa de Sus siervos. El cuadro pintado en este pasaje es simplemente este: ¡Dios te está tendiendo una trampa! Él está en el negocio de posicionarnos estratégicamente en el lugar correcto a la hora correcta. ¡Y Sus ángeles están en nuestro equipo de avanzada! Cada vuelta alrededor del Sol ha sido cuidadosamente coreografiada para nosotros por el Creador del universo. Solo necesitamos seguir sus señales.

El Padre celestial está preparando buenas obras por anticipado para sus hijos en la tierra, y yo tengo que seguir Su ejemplo. Como padre, yo tengo la ventaja estratégica de proveer experiencias para mis hijos. Nosotros los padres somos ingenieros ambientales. Podemos crear experiencias que abran los ojos de nuestros hijos al mundo increíble que los rodea. Podemos orquestar oportunidades para que ellos crezcan espiritual y emocionalmente. Podemos abrir puertas para ellos, y exponerlos a una vida llena de experiencias que formen sus mentes y comprometan su interés. Podemos enseñarles cómo abrazar la vida y vivirla como una aventura.

Yo quiero cultivar en mis hijos el gene de la aventura, y la clave es la intencionalidad. Parker y yo escalamos el Gran Cañón de borde a borde después de un año de discipulado. Eso fue intencional. Summer y yo intentamos nadar desde Alcatraz hasta la orilla de la Bahía de San Francisco. Aunque ellos cancelaron la carrera debido a neblina, aún fue una gran aventura que experimentamos juntos. Eso fue intencional. Josiah y yo fuimos juntos al *Super Bowl XLV,* compartiendo nuestro amor por los *hot dogs* y los *Green Bay Packers.* Eso fue intencional. Ser el hombre de avanzada de mis hijos ha sido uno de mis más grandes privilegios como papá. No hay etiqueta de precio que se pueda colocar al placer que me da enriquecer las vidas de mis hijos con experiencias. La alegría es exponencial.

Momentos decisivos. Estrategias intencionales. Vida aventurera. La mayoría de nosotros pasamos nuestras vueltas alrededor del sol acumulando las cosas incorrectas. Las posesiones son a diez centavos por docena. Las experiencias son la moneda de una vida bien vivida.

No acumules posesiones.
Acumula experiencias.

3

La Aventura Original

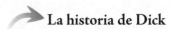 **La historia de Dick**

Salí de mi oficina en *Bethany College* hacia la larga escalera de concreto que conducía al gimnasio. Otro día en una temporada intensa y tortuosa como presidente de una pequeña universidad situada cerca de la Bahía de Monterey, rodeada de árboles secoyas de más de dos mil años de edad. ¿Quién sabía lo que traerían las próximas cuatro horas? Era siempre así. Demasiadas reuniones, demasiadas constituyentes, y demasiados días levantando dinero para las operaciones, los edificios, las dotes y para cualquier otra cosa que pareciera necesitar dinero. Busqué por todas partes.

La idea fue fugaz, pero cosechar viejos secuoyas aparentemente no era una opción.

Mirando hacia atrás, noté caminando hacia mí a uno de nuestros jugadores de baloncesto; un chico afroamericano, alto y delgado, con una pelota de baloncesto en su cadera, y una expresión dura en su rostro. Era un estudiante nuevo. No nos habíamos conocido.

Era la oportunidad perfecta para hacer una de mis preguntas favoritas: "¿De dónde eres originalmente?". Dondequiera que hago esta pregunta a estudiantes, ya sea a aquellos que fueron transferidos de una universidad de una comunidad vecina, o a recién llegados a San Francisco luego de un vuelo de madrugada desde Mumbai, India, la contestación siempre abre una ventana para que cuenten quiénes son.

Extendí mi mano y me presenté. "Hola, soy Dick. ¿Cómo te llamas?".

Agarró mi mano tentativo, y me dijo: "Eric".

"Un placer conocerte, Eric. Así que ¿de dónde eres?". Él respondió con vacilación: "Oakland".

Su lenguaje corporal decía: "No hagamos esto". Yo estaba tratando de conseguir más que respuestas de una palabra.

"¿Oakland? ¡Qué tremendo! Yo soy de Oakland". Levantó su cabeza sorprendido. "Usted no es de Oakland".

"¡Lo soy!. Nací en Alameda y me crié en Oakland".

"Estás bromeando". Me miró otra vez. Una sutil mirada se asomó en sus labios.

"No. Estudié en la Escuela Elemental Horace Mann y luego en la Escuela Intermedia Superior Frick. O no. En primaria estudié en Horace Mann y en secundaria en Frick".

"¿En la secundaria Frick? No te creo. ¡Yo estudié en Frick!".

Ahora él estaba involucrado en la conversación, completamente atento y con una amplia sonrisa.

"¡Sí, así es!", dije sin pensarlo. "Tal vez nosotros seamos los únicos dos que se graduaron de Frick que todavía están vivos".

Su mano se levantó para chocar la mía. "¡Bruthah!"

El presidente de la universidad, de cuarenta y siete años de edad, vistiendo un traje de tres piezas, y el estudiante de primer año, vistiendo pantalones cortos y una camisa sudadera, hicieron conexión. Cinco dedos negros chocaron cinco dedos blancos sellando el trato. Él lo recibió. Yo lo recibí. Estábamos bien. Podíamos comenzar nuestra propia aventura.

Nací en una sala de maternidad en la base militar de la ciudad de Alameda, California, un día de San Patricio en el 1942, cien días después del ataque japonés a Pearl Harbor. Desde el quinto grado hasta la escuela secundaria, viví en un una casa de un nivel con 1.100 pies cuadrados en la avenida Congreso en el este de Oakland, a solo tres millas del estuario de esa sala de maternidad. Mi vida adulta me llevó a los campos de maíz de Illinois y los pasillos de poder en Washington, DC, pero mis raíces se encuentran en el suelo urbano arenoso de la Bahía Este de Oakland. Un lugar de nacimiento o una patria compartida puede conectarnos con nuestros semejantes, como lo hizo con Eric y conmigo. Pero nuestra verdadera aventura comienza cuando nos conectamos con nuestro Creador.

El problema es de localización. El negocio de bienes raíces y el negocio del reino tienen eso en común. Donde las cosas están situadas es lo que marca la diferencia. Él es el Santo, el Más Exaltado en el cielo. Y nosotros, los impíos, estamos separados de Él, detenidos en esta tierra quebrada. No hay un terreno común. Pero el Dios que puede hacer lo que sea con tal de tener relación con nosotros arregló eso. Él cerró la brecha cuando escogió ponerle piel a la persona de Jesús. Él intercambió Su justicia por nuestra maldad, Su acceso directo por nuestra distancia, una puerta abierta para tener relación con el Padre. Él es nuestro terreno común.

Jesús vino a nosotros. Él vino para caminar en el este del Oakland de nuestras vidas. Pero Él no lo dejó allí. Cuando Él nos invita a tener relación con Él, cambia nuestra trayectoria. Es ahí donde comienza nuestra travesía.

Dr. Gordon Fee, un erudito en el Nuevo Testamento, dijo que la vida es un desierto, y una brújula no ayuda mucho. Un mapa, ciertamente, no ayuda porque para comenzar tienes que saber dónde estás. Lo que tú necesitas en un lugar donde nunca has estado antes es un guía. Jesús se convierte en el Guía a la casa del Padre.

Años después de aquella conversación con Eric, me mudé a Washington. Comenzar a trabajar con el gobierno y líderes militares, revolucionó la forma en que me veo a mí mismo, y veo mi viaje caminando con Jesús a través del desierto.

Por haber crecido en la iglesia fui moldeado por eventos: servicios de la iglesia, predicadores especiales, retiros de los jóvenes. Eso estuvo bien, pero en la colina del Capitolio no había fiestas de iglesias donde cada cual trae lo suyo, musicales de Pascua o *kumbayahs* frente a una fogata. Todo se redujo a tratar de resolver los problemas de la familia tomando café con uno o dos amigos, o una oración compartida a puertas cerradas. Fue discipulado reducido a su esencia. Se trataba del viaje.

Al trabajar en lenguaje no religioso para explicar ese viaje, la idea de lugar llegó a ser muy importante. Jesús dice: "Este es el trato. Yo dejo mi lugar. Yo voy a tu lugar. Yo tomo tu lugar. Entonces de ahí vamos a mi lugar". Esta simplicidad me capturó. Todo el mundo entiende lo que son lugares. Todos los tenemos. Es donde vivimos nuestras vidas, día tras día. Entonces Jesús entra en nuestro lugar, y nos vuelve a dirigir.

No es diferente a Pablo en Atenas, cuando va al lugar del diálogo, *Mars Hill.*

Pablo se puso en medio del Areópago y tomó la palabra: "¡Ciudadanos atenienses! Observo que ustedes son sumamente religiosos en todo lo que hacen. Al pasar y fijarme en sus lugares sagrados, encontré incluso un altar con esta inscripción: A un dios desconocido. Pues bien, eso que ustedes adoran como algo desconocido es lo que yo les anuncio."[1]

Él como que asume el privilegio de los derechos de usurpadores y acampa en espacio abierto. Ve una apertura y la toma.

Jesús nos encuentra donde estamos, en los pasillos atestados de la secundaria de Frick o en los pasillos de mármol de *Capitol Hill.* Él dice: "Yo tengo un lugar para ti". Una nueva vida. Un nuevo personaje. Una manera nueva de ver las cosas. ¿Cómo te gustaría ir en esa aventura? Él se une a nosotros en nuestra humanidad, perdona todos nuestros errores, y nos llena de Su esperanza. Es una situación de ganar-ganar. Yo cumplo su sueño para mí, y Él me da algunos de los míos.

Algunas veces, conseguir una visión clara de Jesús es el mayor desafío. El tiempo y la distancia lo pueden oscurecer y hacerle institucional o insípido. Dorothy Sayers, la escritora británica de obras de misterio, y contemporánea de C.S. Lewis, habla de esto cuando dice:

Las personas que colgaron al Cristo nunca, para hacerles justicia, le acusaron de ser aburrido. Por el contrario, ellos lo pensaron demasiado dinámico para ser seguro. Se ha dejado a futuras generaciones tapar esa personalidad aplastante y rodearlo con una atmósfera de tedio. Nosotros hemos, de manera muy eficiente, limado las garras del León de Judá, certificándolo como "manso y suave", y recomendándolo como mascota para curas pálidas y ancianas piadosas.[2]

Yo no quiero tapar su aplastante personalidad. Yo quiero revelarla. Entonces quiero reflejarla.

Cuando vamos de aventura con Jesús, Él nos lleva a lugares donde nunca soñamos estar, nos da ideas que nunca pensamos tener, y nos da amistades que duran para siempre. He conseguido esas tres piezas a través de mi amistad con Mark. Siempre lugares nuevos – envidio sus viajes al Gran Cañón y a las Islas Galápagos. Siempre ideas nuevas - él es un cerebro con intereses en casi cualquier campo. Siempre nuevos amigos; qué alegría he tenido de trabajar con su joven y dinámico equipo de trabajo en *National Community Church*. Es una tremenda curva de aprendizaje de experiencias. El viaje con Jesús se ve diferente para cada uno de nosotros, pero lo lindo es que ambos nos dirigimos al mismo lugar. Su lugar.

Mark y yo queremos probarlo.

 ## La historia de Mark

Jesús fue el aventurero por excelencia. Dejando la comodidad del cielo, entró a las cuatro dimensiones del espacio y el tiempo que Él creó, y se lanzó a la aventura más loca de todas: restaurar para Él a los quebrantados portadores de su imagen. No lo hizo con ejércitos de ángeles o legiones de dedicados seguidores. No derrocó al gobierno romano ni reclamó el Reino que era suyo por derecho. Era un Mesías del medio del mercado, que se codeaba con las masas. "Jangueaba" en los pozos, en las salas de estar y en las laderas, e invitó a todos y cada uno a unirse a él. Jesús no vino con una agenda; Él era la agenda. Él vino para atraer a todos los hombres hacia Él. Con su gracia, con su verdad, Él nos permite entrar en la acción con una invitación que altera la vida: "¡Ven, sígueme!".

El enfoque de Jesús hacia vivir era revolucionario. El momento en que entró en esta tierra, desafió las normas de la sociedad. Cuando dijo: "los primeros serán los últimos y los últimos serán los primeros" en su reino, respaldó sus palabras con cómo se pasaba el día. Él prefería la compañía de mendigos, ladrones y trabajadores de cuello azul. La religiosidad estaba fuera y la relación era lo importante. Donde los líderes políticos del momento eran inaccesibles, Él se hizo absolutamente accesible. Donde los padres religiosos practicaban el separatismo y la intolerancia, Él practicó familiaridad y empatía. Cuando Jesús nos invita a hacer vida con Él, Él nos invita a codearnos con los que ama: los perdidos, los quebrantados, los engañados, y los inadaptados. Igual que Jesús, necesitamos hallarnos a nosotros mismos en el medio del mercado. Si estamos separándonos del mundo que nos rodea, estamos fuera de la misión. ¿Y qué es peor? Nos estamos perdiendo la aventura que Jesús tiene para nosotros.

Una de nuestras tres convicciones fundamentales en la *National Community Church* es que la iglesia pertenece al medio del mercado. Como a nuestro pastor de misiones, Dave Schmidgall, le gusta decir, *una iglesia que se mantiene dentro de sus cuatro paredes no es una iglesia en absoluto*. Pablo no se paró fuera del Aerópago y boicoteó. Él fue mano a mano con algunas de las mentes más brillantes en el mundo antiguo compitiendo por la verdad. En palabras de Miguel Ángel, necesitamos *criticar creando*. Eso no significa crear nuestra propia subcultura. Esto significa escribir libros mejores, producir mejores películas, y comenzar mejores negocios. Esto es lo que sé con seguridad: tú no puedes ser las manos y los pies de Jesús si estás sentado en la parte posterior de tu regazo. En demasiados casos, hemos convertido en solo un nombre ser un seguidor de Jesús. Seguir a Jesús es un verbo. Más específicamente, un verbo de acción. Este año, NCC irá en treinta y tres viajes misioneros. En mi opinión, un viaje de misión vale más que un año de sermones. Bueno, quizás no los sermones de Foth, pero los míos ¡de seguro!

NCC era un grupo de gentuza de cincuenta miembros cuando la escuela pública en DC donde nos reuníamos cerró sus puertas. Me avergüenza admitirlo, pero estas son las palabras que escribí en mi diario en ese fatídico día: "Nos han acorralado en una esquina". Pero, en verdad, Dios no nos estaba arrinconando. Estaba abriendo una puerta de oportunidad. Nos estaba posicionando para estar en el lugar correcto en el momento adecuado. Dios nos desarraigó de una escuela en decadencia en *Capitol Hill*, y nos plantó en las salas de cine de *Union Station*. En ese momento, reunirse en cines para un servicio de la iglesia era un concepto bastante novedoso, pero se convirtió en parte de nuestro ADN.

Durante dieciocho años, hemos funcionado más como tabernáculo que como un templo, o más como un santuario de un templo. En el Antiguo Testamento, el templo era un lugar fijo de culto, y el tabernáculo era móvil. Cada vez que la nube se movía, las personas empacaban su lugar de culto y se trasladaban con él. Las salas de cine han sido nuestros tabernáculos. Desembalar y volver a empacar la iglesia todos los domingos utilizando tinas de goma no es glamoroso. Nos ensuciamos las manos, pero no lo haríamos de otra manera. No nos permite olvidar que la iglesia no es un edificio. No puedes ir a la iglesia porque tú eres la iglesia.

El primer domingo que nos reunimos en el teatro, los carteles de cine en los teatros leían *Booty Call* y *Private Parts*. Manifestamos un gran don en el arte de colocar árboles artificiales estratégicamente. Y Dios empezó a posicionarnos estratégicamente en medio de la comunidad de *Capitol Hill*. *Union Station* es un centro de transporte para autobuses, trenes y el metro en Washington, DC. No se puede estar más central que eso. Situándonos en una ubicación tan fundamental, Dios nos estaba haciendo visibles y accesibles. Todos los domingos cuando adorábamos, nos encontrábamos con decenas de miles de personas que cruzaban los pasillos de *Union Station*. Durante los últimos dieciocho años, hemos visto desarrollarse ese valor. Hemos pasado de una reunión de la iglesia en una localización a una reunión de la iglesia en siete lugares. Siete teatros plantados en medio de comunidades florecientes. Las palomitas de maíz son nuestro incienso y el *ICEE* corre por nuestras venas.

Así que cuando Dios movió nuestros corazones para renovar una casa de *crack* cerca de *Union Station*, no fue para construir el edificio de una iglesia, sino para construir una cafetería; un lugar donde nuestra iglesia y la comunidad pudieran cruzarse. ¿Por qué? Debido a que los cafés son los pozos de hoy en día. ¡Más de un millón de clientes entran por las puertas de Ebenezer! Dudo que hubiera ocurrido eso si simplemente hubiéramos construido un edificio para la iglesia. Y a menudo una cosa lleva a la otra. Hemos visto a muchos clientes venir a la iglesia y llegar a la fe. Resulta que creo que las semillas del reino tienen un parecido a los granos de café. ¿De dónde proviene esta idea? Parte de ello es la forma en que estoy programado. Mi mayor temor cuando me sentí llamado al ministerio fue que iba a terminar en una burbuja religiosa. Francamente, ese es el último lugar donde quiero estar. Pero también necesito dar crédito a quien crédito merece. Muy al principio de nuestra amistad, Dick compartió conmigo algunas de las cosas nuevas que hizo como un joven pastor en Urbana, Illinois. Él tenía un programa de radio que se transmitía inmediatamente después de *Newsbreak* de Charles Osgood en su filial local de CBS. Eso no era usual a principios de 1970. Dick también enviaba equipos de puerta a puerta durante los servicios del domingo por la mañana. Se imaginaba que cuando las personas no van a la iglesia, sería más probable que estuvieran en su hogar. El envío de personas fuera de las reuniones es un movimiento arriesgado para cualquier pastor en cualquier lugar, en cualquier momento. El ejemplo de Dick me inspiró a tomar riesgos similares que tenían sentido en nuestro contexto. También inspiró uno de nuestros valores fundamentales: jugar a lo seguro es arriesgado.

No tener mucho dinero anima al riesgo. Foth quería llevar a los estudiantes universitarios a México durante sus recesos de Navidad y Pascua a trabajar con niños pobres en los arrabales, ¿pero cómo? En el 1968, él y cinco amigos firmaron una nota personal de $2.500 para comprar un autobús diesel de cuatro cilindros de 1.948 GMC de una compañía de tránsito, para iniciar los viajes de México. No solo tenían que aprender a conducir el camión grande. El cambio de reversa no siempre funcionaba, por lo que los estudiantes se agrupaban fuera del autobús para empujarlo por atrás cuando fuera necesario. Ah, y la calefacción no funcionaba. Esa primera Navidad viajaron sentados en sus bolsas de dormir porque la temperatura cuando salieron de Illinois era de un solo dígito. Eso es lo que a menudo se parece a la aventura. Por supuesto, a los estudiantes les encantó. Y tengo el presentimiento de que al Padre celestial también.

Mientras estaba en el seminario, un pensamiento seminal impactó mi filosofía ministerial. Creo que se origina en el reconocido sociólogo James Davison Hunter. Durante el siglo pasado, la iglesia ha revertido una secuencia significativa. En la mayoría de las iglesias hoy en día, tienes que "creer antes de pertenecer." Pero volviendo a los anales de la historia de la Iglesia, esto no fue siempre el caso. Cuando nos fijamos en los evangelios, los discípulos siguieron a Jesús por un largo tiempo antes de que él hiciera la pregunta: "¿Quién decís que soy yo?".

Meses de pescados fritos en la playa, caminatas, enseñanzas en las laderas, curaciones milagrosas, y noches frías acampando con Jesús conducían a esa pregunta. Sabían todo, desde sus hábitos alimenticios a sus idiosincrasias. Vieron el lado lúdico de su personalidad y la forma diferente como interactuó con fariseos y prostitutas. Oyeron la autoridad en su voz cuando echó a los cambistas y echó fuera demonios. Oyeron la ternura en su voz cuando bendijo a los niños pequeños. Con Jesús, se trataba de pertenecer primero y creer después. La esencia de lo que Jesús era, había obrado en las almas de los discípulos una especie de ósmosis espiritual, para el momento que Pedro responde a la pregunta de quién era Jesús. Incontables horas pasadas en la presencia del Mesías llevaron a Pedro a decir: *"Tú eres el Hijo de Dios vivo."*[4]

Tanto si se están involucrando personas en el mostrador de *Ebenezer's Coffehouse* o invitando amigos en los alcances de la comunidad, hemos tratado de adoptar esa secuencia, "pertenecer antes de creer", en NCC. Estamos a punto de empezar la construcción de un *Dream Center* en uno de los códigos postales más fuertes en DC. ¿Por qué? Debido a que esa huella nos da un punto de apoyo en una parte difícil de la ciudad. Y así es como se rompe un bastión.

Vivir en medio del mercado significa invitar a las personas a unirse a nosotros en lo que estamos haciendo, antes de saber por quién y con quién lo estamos haciendo. Hemos tenido un número de personas que vienen a la fe en Cristo porque han ido en un viaje de misiones. Sabemos que no son creyentes, pero dejamos que pertenezcan. Cuando andan con nosotros, en el proceso ven quién es Jesús. El Espíritu Santo tiene una manera de tejer el amor de Jesús a los espíritus de las personas, incluso antes de que lo conozcan totalmente.

Una de las lecciones más profundas que he aprendido de Dick es la siguiente: si caminas con Jesús e invitas a alguien a caminar contigo, hay una buena probabilidad de que conozcan a Jesús en alguna parte del camino. Es una perspectiva muy simplista en la evangelización, pero es muy bíblica. Cuando Jesús caminó y habló con los discípulos en el camino de Emaús, Él estableció un ejemplo a seguir para nosotros. A veces queremos que la gente cruce la línea de fe sin tener que caminar con ellos, pero la mayoría de la gente ni siquiera llega a la línea de salida de esa manera. En palabras de Dick, "cuando me consiguen, consiguen el Padre, el Hijo y el Espíritu Santo". Es una oferta de paquete.

Nuestra aventura más grande viene cuando seguimos a Jesús. Cuando hacemos esto, nos encontramos a nosotros mismos en el meollo de la vida real. Frecuentamos los pozos modernos y hablamos con la persona sentada junto a nosotros en el metro. Almorzamos con nuestros compañeros de trabajo y los invitamos a comer mantecado. Sacamos las malas hierbas y pintamos casas en vecindarios peligrosos, e invitamos a nuestros amigos que no conocen a Jesús a ser parte de la revitalización de la comunidad. Lo que no saben es que están en el camino de ser revitalizados. Después de todo, eso es lo que Jesús hace mejor.

Cuando estamos codeándose con las masas, estamos en la misión. Cuando aceptamos a los demás donde están y les mostramos el amor de Jesús, somos revolucionarios. Y cuando invitamos a la gente a pasar el rato con nosotros, vamos a ver la metamorfosis de los que pertenecen convertirse en un legado de los que creen. Simplemente no hay nada mejor que eso.

Critica creando.

4

La Preposición que Cambiará tu Vida

➤ **La historia de Dick**

Muchas cosas más suceden en el comedor del Senado de los Estados Unidos que tan solo comer. No es raro ver a senadores, congresistas y ocasionalmente, celebridades, conversar mientras se comen un plato de una famosa sopa de frijoles. ¿Pero de qué ideas se habla? Ahí es donde está la acción.

Sentí una gran emoción y algo de temor, cuando mi amigo Richard Halverson, Capellán del Senado, me invitó a almorzar. Yo estaba impresionado por el salón majestuoso, con sus lámparas de candelabros de techo y aquellos de nota sentados a la mesa. La camaradería y la energía alrededor del salón eran palpables.

Siempre he tratado de pretender que estoy tranquilo cuando estoy fuera de mi zona. En esta habitación yo era un pecesito en un enorme estanque. Estaba claro que estaba en un lugar donde un tono apasionado sobre un emparedado de ensalada de atún podía crear políticas para una nación. Preguntándome cómo el capellán interactuaba con este grupo élite de personas, le dije: "¿Cómo trabaja con los senadores?".

Ponderó la pregunta por un momento antes de responder:

> Mi primer pastorado fue en Coalinga, California, cerca de los campos petrolíferos en el centro del estado. La congregación era mayormente de "mujeres que querían que sus esposos

fueran salvos". Estos eran hombres de negocio y aparejadores de petróleo. Eran hombres ocupados con cargas de trabajo. Tenía que ir a encontrarlos. Durante mis cuatro años allí, muchos de ellos empezaron a seguir a Jesús.

Encontré que tienes que hacer dos cosas cuando trabajas con líderes empresarios: tienes que ir donde ellos están, y tienes que respetar su tiempo, porque el tiempo es dinero. Una conversación de quince minutos o un desayuno temprano, era más beneficioso para reunirse, que un almuerzo. Cuando me convertí en capellán, decidí que iba a conocer a un senador en cualquier lugar, en cualquier momento, bajo cualquier circunstancia, a su conveniencia, sin ninguna agenda. Excepto la suya.

Mi cerebro daba vueltas, recibiendo sus palabras. "Sí", yo dije, "pero usted tiene una agenda, usted quiere que ese hombre siga a Jesús".

Él se sonrió y me dijo: "Oh, no, esa no es mi agenda. Esa es mi vida".

Dick Halverson continuó concretizando ese pensamiento con una premisa práctica. Me dijo que una preposición en Marcos 3 cambiaba el juego. Después de orar toda la noche, Jesús escogió a los doce discípulos que estarían con Él, predicó las buenas nuevas y echó fuera demonios.

Subió Jesús a una montaña y llamó a los que quiso, los cuales se reunieron con él. Designó a doce, a quienes nombró apóstoles, para que lo acompañaran y para enviarlos a predicar y ejercer autoridad para expulsar demonios.[1]

Esa preposición de tres letras cambió la visión del Reino que tenía Dick Halverson. La idea de venir, trabajar juntos y estar con las personas, contrario a meramente hablar con ellos o hablarles a ellos, cambió todo para él. Y sus ideas me cambiaron.

Más que eso, Jesús simplemente me llamó para estar con Él. Estar con alguien es un paradigma totalmente diferente a hablar con alguien. La diferencia entre forzar mis intenciones o sencillamente vivir mi vida determina si hago sentir a la persona que me escucha como un blanco o como un amigo. A diferencia de un cliché que nos saca de apuros en ocasiones, si realmente tenemos las buenas nuevas incorporadas en nosotros, las implicaciones son monumentales. A lo largo de quince años en Washington, DC, me llevé las palabras de Dick Halverson al corazón.

Uno de mis grandes placeres en mis tiempos fue la oportunidad de tener un asistente de campo en ocasiones. Él era un joven graduado de la universidad quien trabajó conmigo por un año como chofer, asistente personal y colega. En un lugar donde los estacionamientos son caros o prácticamente no existen, tener un chofer es extremadamente valioso. Es una buena administración del tiempo. ¡Además, me hace lucir como alguien importante!

Pasábamos muchas horas de la semana conduciendo entre citas y reuniones. Las situaciones de la vida eran la orden el día. Hablábamos de los deportes y de Dios, y de comida y de mujeres y de deportes y de mujeres y de las Escrituras y de mujeres. Tú sabes, cosas de hombres. Tuve seis ayudantes a lo largo de los años. Todos ellos están dispersos por el país; uno es empresario en Boston, el otro es capellán de la Fuerza Aérea, otro es ejecutivo de sistemas de información, dos son pastores, y uno es presidente de la fundación en contra del tráfico humano. Ellos me enseñaron muchísimo. Va en dos direcciones.

Aunque Mark no fue mi asistente, la conexión entre nosotros fue muy real. Ver cómo él ha desarrollado el equipo de trabajo de *National Community Church* ha sido un deleite. Cada miembro del equipo trae consigo un talento, una chispa y una habilidad. Ya sea que viajen juntos, jueguen *cornhole*, o esquíen en el agua, él siempre está en medio de la fiesta. Y el hecho de que ellos disfruten estar juntos se traduce en la forma en que esta congregación se está extendiendo como el mercurio en el área metropolitana de Washington. Energía nunca es el problema porque la edad mediana de esta congregación es 28, y más del cincuenta por ciento son solteros. Encontrar el tiempo para involucrarse es el problema.

En el mundo de las relaciones, "con" no es una suma. Esto no es "café con crema" o ¿Quieres papas fritas con esa hamburguesa? "Con" es la partícula subatómica Higgs conocida como "partícula de Dios". La idea esencial está contenida en la Escritura cuando Dios dice: *"No es bueno que el hombre esté solo".* [2] Implantada en nuestros huesos está la necesidad por el otro. Estamos más completos con otros. Somos mejores cuando estamos con ellos. Si realmente quieres conocerme, tienes que estar cerca de mí cuando estoy con mi esposa, Ruth. En su presencia yo soy un mejor yo. He sido transformado por su amor durante estos pasados cincuenta años.

Los nombres de Dios son un aviso claro para nosotros. Él es Emanuel, Dios con nosotros. Él es el Paracleto, que significa Aquel que está llamado al lado de otro. Él es el Creador que se compromete a estar con los que Él ha creado. Cuando Jesús dice: *"estaré con ustedes siempre, hasta el fin del mundo"*[3], Él toca nuestro centro. La certeza y la creatividad que vienen de Su presencia es impresionante. Cuando pasamos tiempo con Él y otros pasan tiempo con nosotros, el resultado neto es que esos otros pasan tiempo con Él. Mateo 10:40 lo dice mejor: *"Quien los recibe a ustedes, me recibe a mí; y quien me recibe a mí, recibe al que me envió"*.

El tiempo invertido juntos es lo mejor de la relación temporera y lo mejor de la relación eterna, todo en un mismo intento. Entonces no nos debe sorprender cuando lo que pensamos que será un desayuno temprano por la mañana con un colega, resulta ser mucho más que dos huevos fritos. Se convierte en algo transformador.

Las ideas de Dick Halverson acerca de "con" voltearon mi teología de adentro hacia fuera. Aquel día, los senadores no eran los únicos que compartían ideas poderosas.

 ## La historia de Mark

Mi hijo mayor, Parker, es mi alma gemela cuando se trata de aventuras peligrosas. Si hay alguna posibilidad de muerte, Parker está ahí. Mi hija, Summer, ¡prefiere vivir! Pero ella estuvo de acuerdo en participar conmigo en el mundialmente conocido *Sharkest Swim*, hace algunos años. El nado cubre 1.5 millas desde la isla de Alcatraz hasta la playa del parque acuático de San Francisco. Teníamos la esperanza de que la palabra tiburón en el nombre de evento, *Sharkfest*, fuera meramente para el propósito de atraer, pero no lo fue. Las aguas están, de hecho, infestadas de tiburones.

Cuando cada uno de nuestros hijos cumple los trece años de edad, los llevo a un viaje de aventura para celebrar su entrada triunfal a la adolescencia. Las aventuras no tienen que incluir carnívoros que comen humanos, pero Summer estaba dispuesta para el reto. Nos entrenamos durante los meses de invierno en nuestra piscina, e hicimos algunas prácticas de nado en el río Potomac. En la mañana de la competencia, ¡la adrenalina corría! Estábamos preparados con nuestros trajes isotérmicos, listos para saltar a las aguas que estaban en los 57 grados. En realidad, no podíamos ver la costa a causa de la neblina espesa, pero eso es algo normal en San Francisco. ¡Esto iba a ser épico! Entonces, justo antes de lanzarnos, los organizadores del evento anunciaron por el megáfono que la carrera estaba cancelada debido a la neblina. Al principio pensé que era broma, una broma de mal gusto. Pero no lo era. Habíamos volado desde el otro lado del país, y ahora no había plan alterno. La decepción colectiva de ochocientos nadadores, algunos que habían viajado desde el otro lado del mundo para estar allí, era desgarradora. Al menos aún podíamos comernos la tradicional sopa de almejas luego de la carrera. Tomó un rato para que pasara la neblina de la frustración, pero esa decepción es ahora un recuerdo que me hace sonreír. Igual que los soldados que son amigos de trinchera, Summer y yo forjamos un vínculo ese día – como el pegamento *Gorilla*.

Llegamos, fuimos... nos enviaron a casa.

Habíamos pasado por algo que era a la vez estimulante y decepcionante, y lo habíamos atravesado juntos. Ese tipo de recuerdos inyectados con la adrenalina de la aventura enlazan nuestros corazones a los de aquellos con quienes los experimentamos. Prefiero experimentar las aventuras de la vida con alguien, que depender de las aventuras de segunda mano. Pero no siempre he sido así.

Por naturaleza, soy un procesador intrapersonal. Lo mejor de lo que pienso lo pienso por mí mismo. Así estoy programado. Pero ha habido un cambio en mi vida en los pasados diez años, y Dick ha tenido que ver mucho con eso. Él es un procesador interpersonal. Dick siempre tiene a alguien con él, ya sea a un ayudante de campo, un yerno, o un amigo que ha ganado en los pasados cinco minutos. Él me ha enseñado que hacer la vida con otras personas la hace doblemente buena. Ver cómo él vive la vida en relaciones ha influido en mí. Ahora tiendo más a invitar a otro a acompañarme. Si viajo para hablar en algún sitio, me llevo a algún miembro de la familia o de mi equipo de trabajo.

Me encanta tener una buena frase de apertura. Por supuesto, nada iguala a Génesis 1:1: *"En el principio".* Algunos clásicos incluyen los de Melville,

"Llámame Ismael" de Melville, y "Fue el mejor de los tiempos, fue el peor de los tiempos", de Dickens. ¿Mi favorito? Podría ser la línea de comienzo del libro *Una vida con propósito* de Rick Warren. Está dicho tan simplemente: "No se trata de ti."[4] Tan sencilla y aún tan compleja.

Una de las verdades que Dick me ha ayudado a aceptar es que "nosotros" es más grande que "yo". La vida es miserable cuando todo es acerca de mí, yo mismo, y de yo. Entonces mi yo se convirtió en nosotros el día que Lora y yo nos casamos. El nosotros del matrimonio es complicado, pero tiene una manera de duplicar la alegría mientras divide las dificultades. Entonces añadimos a Parker, Summer y Josiah, a nuestro nosotros. Nuestra energía se dividió en tres, pero nuestra felicidad se triplicó.

Entonces está el nosotros de la iglesia. Dios no solo nos da una familia biológica. Él nos da una familia espiritual. Sin lugar a dudas, ambas familias son disfuncionales. ¡Pero qué regalo de nuestro Padre Celestial!– no una, sino dos familias!

"Con" no es solo una palabra relacional; es una palabra de Dios. Dios mismo es nosotros – Padre, Hijo y Espíritu Santo. Y Él nos invita a ser parte de Su Gran Comisión. La clave está en el "co". Es Dios con nosotros, en nosotros y por nosotros. En el proceso, "con" se convierte en una palabra en la que puedes apostar tu vida. Serias ramificaciones teológicas están comprimidas en estas tres letras. Cada vez que me encuentro luchando con algo en mi vida, tengo posiciones de retirada. Son murallas de la verdad que pueden fortalecerme contra lo que enfrento. Cuando falla todo lo demás, uno de los versos que me sostiene es la promesa de Jesús, *"estaré con ustedes siempre"*.[5] Cuando mi mundo parece virarse al revés, esa verdad es el eje que mantiene todo corriendo. Yo solo necesito saber dos cosas: Dios está conmigo y Dios está por mí. Y con cada vuelta alrededor del sol, lo creo más y más.

Si alguna vez has tenido a alguien en tu vida que está contigo y por ti, no es probable que lo olvides. Se hace una huella en tu alma. Mis padres siempre han sido mis fanáticos número uno. Si estuviera jugando uno a uno con Michael Jordan, mi mamá hubiera apostado a mí.

Uno de los momentos decisivos de mi vida sucedió en mi primer año, jugando baloncesto en la Universidad de Chicago. Tuvimos un partido en la

Universidad Brandeis en Boston, y mis padres manejaron todo el camino desde Illinois para verme jugar. Eso es correcto, ellos hicieron un viaje de doce horas para verme jugar por cinco minutos en la segunda mitad. Entonces se regresaron y manejaron toda la noche para llegar a casa. Si tuviera que resumir lo que más aprecio de mis padres en una sola frase, sería esta: ellos estuvieron allí para mí. Ellos estuvieron conmigo y para mí. Su fe en mí alimentó mi fe.

Creo que mis padres terrenales modelaron muy bien lo que hace tan bien mi Padre Celestial: estar con nosotros y por nosotros. Él es nuestro amigo de trinchera. Él es El que corre hacia nosotros cuando todos los demás huyen de nosotros. Él es El que aparece en nuestras vidas cuando más lo necesitamos, y nos recuerda que Él nunca nos dejará ni nos abandonará.

Si Dios es con nosotros, podemos superar cualquier cosa. Si Dios es con nosotros, no importa lo que pueda venir contra nosotros. Sin Él nada podemos hacer. Con Él podemos hacer todas las cosas. Cuando le permití a Dios convertir el "yo" en "nosotros", fue más que un cambio de paradigma; fue un fenómeno que cambió mi vida. Es el punto de inflexión donde una buena aventura se convierte en una aventura de Dios.

**No importa lo que venga contra ti
si Dios está por ti.**

5

Quién es Más Importante que el Qué

 La historia de Dick

Yo tenía un trato con Dios. Si alguna vez tenía que ser que pastor, un papel que percibía como increíblemente aburrido, quería estar en una ciudad campus. Y así fue. Salimos de los huertos y viñedos de Modesto, California, hacia las plantas altas de maíz en el este central de Illinois a mediados de la década de 1960. Estábamos de camino a pastorear un grupo de una docena de estudiantes de la Universidad de Illinois y tres parejas jóvenes profesionales.

Con algunos años de ensayo y error, mucha oración, y la gracia de Dios, ese grupo de personas comprometidas se convirtió en una floreciente congregación. El movimiento de Jesús y de la guerra de Vietnam iban a todo vapor. Los disturbios del campus y ciudades del interior incendiadas con antorchas expresaban los tiempos. Los estudiantes universitarios en busca de propósito real y una nueva vida corrían hacia el amor de Jesús y lo abrazaban con abandono. Ser un joven pastor en una ciudad universitaria en esos años me mantuvo corriendo a una milla por minuto y estaba lleno de sorpresas. Dios estaba tramando algo, y nos iba a subir a la ola.

Un domingo por la noche, abrimos el micrófono y preguntamos cuáles eran las necesidades de la congregación. Un joven, Jim, se puso de pie y dijo:"Me gustaría orar por Paul".

Paul tenía cuarenta años más que Jim. Un ex comandante de tanque bajo el general George Patton en la famosa Cuarta División Blindada en la *Battle of the Bulge* en la Segunda Guerra Mundial, Paul era un tipo de dos cajetillas al día, con enfisema y una gran cantidad de problemas físicos. Inmediatamente me pregunté si su salud se había deteriorado.

"¿Está Paul en el hospital?".

"No".

"¿Está enfermo en casa?".

"No".

"¿Está luchando con la depresión?".

"No que yo sepa".

Perplejo, pregunté: "Jim, ¿por qué quieres orar por él?".

Me sonrió y dijo: "Bueno, porque me gusta".

Esa respuesta desconcertaría a un pastor. Nos gusta reservar oraciones para situaciones extremas. Tú sabes, la enfermedad y la tragedia. Si tienes cáncer o has perdido tu casa, estás en la lista. Pero no puedes simplemente orar por tus amigos sin ninguna razón. ¡No puedes simplemente orar por la gente que te gusta!

El que alguien te guste es un motivo interesante. Uno de los resultados de nuestros doce años en Illinois fueron las amistades. Las amistades florecieron como el maíz y la soya que brotan en el suelo franco oscuro de esas llanuras del Medio Oeste. Saltando paredes culturales y estratas sociales, las personas empezaron a gustarse la una a la otra. Ricos y pobres. Profesor y estudiante. Negro y blanco. De cuello azul y de cuello blanco. Agricultor y médico. Jesús fue el catalizador. Nuestro amor por Él nos atrajo el uno al otro.

No importaba quién hizo qué o quién vino de dónde o en qué lado del pueblo vivías o cuál era tu especialidad. Lo que importaba era que amábamos a Jesús y nuestros corazones estaban entretejidos. Los lazos forjados en esos días siguen fuertes cuarenta años más tarde. Somos amigos para siempre. Punto.

Sin lugar a dudas, los campos de maíz de Illinois están en un universo retirado del tráfico enmarañado de Washington, DC. ¿Pero la amistad? De la misma manera. Los títulos cuentan en grande en la ciudad más poderosa del mundo. El prestigio y el rango reinan en los santificados pasillos. Pero cuando llega la amistad, se cierran las apuestas. Se cambia el juego. Es la única cosa que sirve de puente a la brecha de estatus y poder.

En un desayuno, algunos diplomáticos y ex funcionarios del gobierno me pidieron que ofreciera un pensamiento para el día. En mis comentarios me lamenté de que el DC no era una ciudad en la que se querían tirar las credenciales a la mesa, ya que sin duda serían superadas por alguien. Alguien que tenía más poder, más dinero, más grados académicos, más años, más conexiones, más experiencia. Más lo que fuera.

Cuando terminé de hablar, uno de los organizadores, un ex miembro del Gabinete de los Estados Unidos, dijo: "Eso es verdad, Dick, con una excepción. Si tus credenciales dicen: 'Amigo', todos ganan".

"Amigo" es el título más grande y el más alto rango que puedes tener. Nadie lo sabía mejor que nuestros soldados en la Segunda Guerra Mundial. La guerra es la antítesis de la amistad. Pero la amistad es el motivo para quedarse en la lucha. En la Segunda Guerra Mundial, guardabosques del ejército de todos los orígenes lo sabían. Después de ser heridos, los soldados del ejército regular se reasignaban a diferentes unidades. Los *Airborne Rangers*, por el contrario, se reunían con su misma compañía después de la rehabilitación. Los mismos tipos con quienes habían luchado, comido y reído desde el principio de su servicio se convertían otra vez en sus compañeros de litera.[1] El vínculo entre ellos se había forjado durante arduas semanas de entrenamiento en Inglaterra, mucho antes de enfrentar al enemigo. Como escribió Stephen Ambrose: "La mayoría de lo que aprendieron en la formación demostró ser valioso en el combate, pero fueron esa intimidad, la confianza total, la camaradería que se desarrolló en esas largas noches inglesas frías y húmedas, lo que probó ser invaluable".[2]

La unión se produce de muchas maneras. La primera vez que entré en la escuela Giddings con Mark y Lora y esos diecinueve personas en Washington, DC, me transporté a una iglesia en casa en Urbana, Illinois, donde Ruth y yo conocimos a un grupo de estudiantes universitarios. Cuando Mark tuvo que cambiar de lugar a causa de los problemas de zonificación, recordé cuando me mudé a la sala de juntas de la YMCA en el campus universitario porque nuestra ubicación original había sido requerida por un hospital adyacente. A pesar de que yo era del oeste y Mark era del medio oeste, la geografía del reino nos unió. ¡Una vez que has estado en las trincheras, nunca se olvida!

Cuando Jesús llama a sus discípulos, ellos también son un grupo dispar. Un puñado de pescadores, un fanático, un recaudador de impuestos, un estafador, todos reunidos por el Hijo de Dios en la carne. Tienen algunos problemas graves. Pero al parecer, a Él le gustan. Él ve su valor. Más que simples seguidores, son sus amigos. Se trata de misión, espíritu y verdad. A donde va Jesús, van ellos. Lo que Él hace, ellos hacen. La realidad que Jesús describe y representa se convierte en el sueño, las pistas en las que corren. Jesús les dice:

> *Y éste es mi mandamiento: que se amen los unos a los otros, como yo los he amado. Nadie tiene amor más grande que el dar la vida por sus amigos. Ustedes son mis amigos si hacen lo que yo les mando. Ya no los llamo siervos, porque el siervo no está al tanto de lo que hace su amo; los he llamado amigos, porque todo lo que a mi Padre le oí decir se lo he dado a conocer a ustedes. Este es mi mandamiento: que se amen unos a otros como yo os he amado. El mayor amor tiene nadie que esto: ponga su vida por sus amigos de uno. Ustedes son mis amigos si hacen lo que yo os mando. Ya no os llamo siervos, porque el siervo no sabe lo que hace su amo. En lugar de ello, os he llamado amigos, porque todo lo que oí de mi Padre os lo he dado a conoce.*[3]

La amistad es vulnerable y sacrificial. Penetra los lugares más profundos de nuestras almas. Así William Butler Yeats habla una verdad profunda, cuando dice: "Piensa en donde más empieza y termina la gloria de un hombre, y digo que mi gloria era que tenía estos amigos."[4] No se puede negar la fuerza de la amistad. No se puede subestimar la durabilidad de un vínculo forjado en los fuegos de la adversidad. No se puede menospreciar la fuerza de oraciones hechas por aquellos que simplemente "nos gustan".

En la amistad llegamos a parecernos a Jesús, viajando de dos en dos, tomados del brazo, llegando a ser más de lo que jamás podríamos ser por nosotros mismos. Estamos diseñados para esta gran compañía. Y eso es algo muy poderoso.

 ## La historia de Mark

Mi suegro, Bob Schmidgall, fue uno de los hombres de Dios más consagrados que he conocido. Cuando me casé con su hija, Lora, también me casé con la familia Schmidgall. Mi suegro se convirtió en un mentor para mí – alguien por quien yo quería modelar mi vida.

Bob Schmidgall amaba profundamente a su familia. Nunca he conocido a alguien más apasionado por las misiones. Su compasión por las personas era contagiosa. Su deseo de escuchar la voz de Dios resultaba en muchas madrugadas en oración esperando en el Señor. Y hay algo más que amaba de papá – su amor por la risa, especialmente cuando estaba tomando chocolate caliente, y se le salía por la nariz debido a un chiste improvisado. Él tenía una alegría por la vida que era contagiosa. Eso impactó la forma en que vivía y trabajaba. Y le gustaba estar cerca de personas con quienes se pudiera reír. Solía decir: "Con quien hagas ministerio determinará cuánto lo disfrutarás". Él estaba en lo correcto.

En mi opinión, el éxito en cualquier ocupación está ligado en un 49 por ciento a tu *portfolio*. Seguramente quieres encontrar tu punto óptimo – el lugar donde coinciden tus dones dados por Dios con las pasiones ordenadas por Dios. Pero el 51 porciento del cumplimiento tiene que ver con la química de las personas con quienes estás trabajando. Esto sé de seguro: quiero hacer ministerio con personas con quienes quiero compartir la vida. Ese principio moldeó la manera en que dirijo nuestro equipo de trabajo. Nosotros trabajamos duro. Nosotros jugamos duro. Y nos reímos aún más duro.

Una de las cosas que define nuestra cultura de *National Community Church* es nuestra teología de la diversión. Tomamos a Dios en serio, pero no nos tomamos a nosotros en serio. Hemos cultivado una cultura de honor, pero también hemos cultivado una cultura de humor. Estas dos cosas no están ajenas la una a la otra. Las personas más sanas, más santas y más felices del planeta son aquellas que más se ríen de ellas mismas. Y cuando añades a alguien más a la mezcla, esta se pone mejor. Victor Borge dijo: "La risa es la distancia más corta entre dos personas". La risa crea un vínculo emocional, espiritual y psicológico que no se puede romper rápidamente. El humor está programado en el ADN de nuestra iglesia, y viene de arriba hacia abajo. Todo el que realmente me conoce sabe que tengo un lado cómico, y no me avergüenzo de eso. Si el bizcocho de chocolate está en el menú, sin duda algo de él terminará en mis dientes del frente. Me encanta dar a las personas esa sonrisita furtiva de chocolate. Nunca pasa de moda...¡para mí! Siempre me hace reír. De hecho, si puedo convencer a mi familia de hacerlo, me gustaría tener chocolate en mis dientes el día que finalmente me vaya a descansar. ¡Quiero una última risa!

La risa es una prueba de fuego cuando se trata de a quién reclutar en la *National Community Church*. El rasgo de personalidad más importante que busco es el sentido del humor. Si tú no puedes reírte de mis chistes, no podemos trabajar juntos. La vida es muy corta y el ministerio es muy fuerte como para no tener algo de diversión sobre la marcha. No creo haber tenido nunca una reunión del personal o un compartir en la iglesia sin alguna dosis de risa. Y nunca quiero que ocurra porque sería aburrido.

Aunque me gustan las palabras diversión y amar por sí mismas, la combinación de ambas es aún mejor: amante de la diversión.

Es como la combinación de Ruth y Chris en mi restaurante favorito: Ruth's Chris Steak House. Ellos se pertenecen.

En mi manera de hablar, CEO (principal oficial ejecutivo en sus siglas en inglés) significa Principal Oficial Emocional. Tú no solo marcas el paso como líder. Tú marcas el tono. Según el autor y psicólogo Daniel Goleman, la inteligencia emocional representa el 80 por ciento del éxito en una carrera profesional.[5] Si eso es cierto, será mejor que me esmere en fomentar un ambiente de positividad emocional. Esto comienza operando bajo un espíritu de humildad. Mezcla los frutos del Espíritu: amor, alegría, paz, paciencia, bondad, gentileza, mansedumbre, fidelidad y dominio propio. Y conseguiste los ingredientes para el equipo soñado.

Cada verano nuestro personal sale de la ciudad hacia nuestro retiro anual de *Jugar y Orar*. No hay nada más en la agenda que orar y jugar. Jugamos *Settlers of Catan* tarde en la noche. Sacamos la máquina de karaoke. Pasamos largo tiempo orando unos por las vidas de los otros. Y no es tan solo el personal. Son también los cónyuges y los hijos. Es como una reunión familiar, y el capital relacional de ese único retiro se transfiere a nuestras reuniones y ministerios el resto del año.

Cada reunión de equipo en NCC comienza compartiendo victorias. Llámalos testimonios si quieres. Lo que no conviertes en alabanza se convierte en arrogancia. Queremos ser cuidadosos en darle a Dios toda la gloria. Después de todo, ¡es lo único que Él no comparte! Junto con dar la gloria a Dios, también celebramos la contribución particular de cada persona al esfuerzo del equipo, con nuestro patentizado aplauso lento. Quiero asegurarme de que cada miembro de nuestro equipo se sienta valorado, no solo por lo que hace, sino más importante, por quienes son. Una forma de celebrar la singularidad es dándole a cada miembro del equipo en NCC las evaluaciones de personalidad *Myers-Briggs*, así como la de *StrengthsFinder*. Es una de las maneras en que aplaudimos la singularidad de cada uno y hacemos eliminatorias.

¿Alguna vez has notado el don de Jesús para los apodos? He tratado de seguir Su ejemplo. De hecho, tengo al menos un apodo para casi todos los miembros del personal. Nuestro pastor digital, Matt Ortiz, es Tera Matt, como en *terabite*. Nuestro pastor en Berlín, Alemania, John Hasler, es probablemente el que tiene más apodos. ¿Mi favorito? El Pastor Alemán (*German Shepherd*). Por supuesto, Foth es solo Foth. Su nombre es su apodo. Algo así como Bono, Usher o el artista antes conocido como Prince, Foth es un monónimo.

Los apodos que Jesús dio no eran tan descriptivos como prescriptivos. Simón Pedro no tenía nada de roca. Impetuoso era más él. ¿Los hijos del trueno, Santiago y Juan? Con sus hijos a cuestas la madre le preguntó a

Jesús si podía sentarlos a Su mano derecha e izquierda. ¡Más bien como niños de mamá!

Jesús vio potencial donde otros no vieron. Esos apodos eran más que meras expresiones de cariño. Eran palabras proféticas que revolucionaron completamente lo que esas personas vieron cuando se miraron al espejo. Jesús no solo veía lo que estaba mal con las personas. Él veía lo que estaba bien.

Para el tiempo en que en mis préstamos estudiantiles se saldaron, mi educación universitaria estaba casi completamente olvidada. Pero una declaración en una conferencia será un lema para toda la vida. Lo gracioso es que ni siquiera era de uno de mis profesores. Fue un conferenciante invitado de nombre Jeff Swaim, quien dijo: "Sorprende a las personas haciendo las cosas correctamente". ¡Es más fácil sorprender a las personas haciendo las cosas incorrectamente! Eso es algo natural. Lo opuesto es sobrenatural. ¡Pero es mucho más divertido!

No hace mucho, Dave Ramsey invitó a unas pocas docenas de pastores a pasar unos días con él en Nashville. Yo no conocía mucho de Dave, pero en seguida aprendí que él es alguien que ha convertido esta idea en una forma de arte. Para empezar, alquiló el *Country Music Hall of Fame* y coordinó un concierto privado con algunos de los mejores compositores de la música *country*. Entregó algunos regalos, entre ellos, una alforja del Coronel Littleton.[6] Pero hay una declaración que pienso que recoge quién es David y lo que persigue. Él dijo: "A veces tienes que darle a la mesera de *Waffle House* una propina de $100 solo para ver a otro ser humano hacer el baile de *Snoopy*!". Tan cierto. Tan divertido.

Uno de mis pasatiempos favoritos es dar propina de más o darles propina a personas que típicamente no las reciben. Si quieres hacerle el día a un mesero y marcar la diferencia, dale una propina que sea mayor que la cuenta. O dale propina a alguien cuando menos se lo espere. Tengo un profundo respeto por cualquier persona que haga un trabajo que yo particularmente no quisiera hacer, como limpiar baños en un aeropuerto. Ocasionalmente, le doy propina a alguien así. Me aseguro que sea legal, y no quiero que se interprete como que soy condescendiente. Una propina es solo una muestra auténtica de apreciación. Es también una forma de sorprender a las personas haciendo las cosas correctamente. Y puede cambiar un momento ordinario en una pequeña aventura.

Sorprende a las personas cuando hacen las cosas correctamente.

6

Peldaños

 **La historia de Dick**

Manejar una carreta por doscientas millas no es para cobardes.

En el 1905 los Estados Unidos era un lugar rebosante de posibilidades. En un esfuerzo iniciado por el Presidente Benjamin Harrison en el 1989 para colonizar los territorios no asignados, el Presidente Teddy Roosevelt repartía parcelas de 160 acres de tierras de cultivo en Oklahoma por orden de llegada. Cualquiera que llegara primero se ganaba el premio. En la adjudicación original, algunos empezaron un poco más temprano para vencer la avalancha. A este día, se les llama los *Sooners* (los que llegaron antes).

Par de cientos de millas al norte de la frontera de Oklahoma, en el pequeño pueblo de Hillsboro, Kansas, una familia madrugó a Roosevelt con su oferta. Cargaron su carreta con comida, alimento para caballos, y provisiones para un largo viaje. Jerry y Sara dejaban atrás todo lo que conocían: familia, amigos y comodidades del hogar. El viaje era incierto y el destino desconocido. Estaban arriesgando todo con la esperanza de algo mejor. Sus corazones palpitando con fuerza, se treparon en su carreta, acurrucaron a sus cuatro hijos detrás de ellos, y con el traqueteo de los cascos de los caballos y el chirrido de las ruedas de la carreta, se encaminaron hacia su futuro.

A fines de julio de 1993, Ruth y yo nos encontramos en una situación como esta. Allí nos sentamos otra vez en Modesto, California, frente al hogar de sus padres. Igual que en noviembre de 1966, cuando nos encaminamos hacia Illinois.

El olor a duraznos maduros estaba en el aire mientras el calor veraniego horneaba los huertos de árboles frutales alrededor de la casa. El camión *U-Haul* de veintiseis pies estaba cargado y las sobras almacenadas en el cobertizo del tractor. Nos encaminábamos a Washington, DC. Nos habían extendido de la Capital una invitación con esta pregunta: ¿Por qué no trae sus dones y su grupo de amigos, los mezcla con nuestros dones y nuestro grupo de amigos, y juntos somos luz en un lugar oscuro?".

Este no sería el rol de Moisés. En vez de dirigir un colegio, estaría reuniéndome uno a uno en ambientes privados. Había varios "no" en la ecuación: no salario, no oficina, no equipo de trabajo, y no título. Estábamos dejando atrás dos de nuestros hijos de edad universitaria, además de nuestra hija mayor y su esposo que acababan de tener nuestro primer nieto. Estábamos vendiendo nuestra casa y mudándonos a una casa de alquiler. Se sentía un poco loco. Era un poco loco. Unos cuantos amigos pensaron que estábamos locos.

Ir de lo conocido a lo desconocido siempre es abrumador. Dejar atrás amigos y familia era dar mucho de nosotros. Más que eso, mudarse al otro extremo del país a los cincuenta y un años de edad era mucho más desafiante que hacerlo a los veintitres. Pero eso es lo que es riesgo. Con solo un boceto de lo que el futuro podía traer, Ruth y yo nos parecíamos mucho a mis tatarabuelos, Jerry y Sara Foth. Estábamos cargando la carreta y saliendo.

Se convirtió en algunos de los años más gratificantes de nuestras vidas. "Riesgo fácil" es un contrasentido. Los riesgos no vienen fáciles. Nos dejan expuestos. Nuestra identidad personal intenta aferrarse a algo. A un año de nuestro tiempo en Washington, aún trabajaba dentro de mi cerebro para encontrar mi lugar. ¿Qué hacía un chico de cuello azul de las calles de Oakland tratando de alcanzar a la elite de Washington? No soy de sangre azul. No estudié en una universidad *Ivy League*. Soy de la Costa Oeste, no de la Costa Este.

Caminando una mañana por la Oficina Russell del Senado para reunirme con un senador, me sentí ansioso. En ese momento, oí decir a Jesús: "Foth, si hablas con el Rey del universo en la mañana, no es tan difícil hablarle a un senador de los Estados Unidos en la tarde." Un poco de perspectiva nunca viene mal.

Tomarse el riesgo tiene que ver con rendirse. Dejar ir la comodidad por la incomodidad. Liberar el control. Poner el pie fuera del bote. Saltar el precipicio. Simplemente no es natural. Es que te convenzan de hacer un *tour* aéreo, como hice hace unos años, con un arnés conectado a una línea de acero diez mil pies sobre los Andes del Ecuador con mi amigo Barry Noonan y nuestros dos hijos, Chris y Kirk. Saltando de una plataforma, te remontas sobre el valle a quinientos pies debajo de ti. Y desarrollas velocidad a medida que flotas; una velocidad incómoda porque masa por velocidad es igual a momentum. Entonces están la lluvia y los guantes de cuero grueso diseñados para crear fricción en el cable de acero para reducir tu velocidad, que llegan a ser inútiles. Digamos que estoy agradecido de estar vivo.

Ese día aprendí algo sobre rendirse. Rendirse trae una euforia aterradora. Es confiar en alguien y en algo más que en ti mismo. Es totalmente contrario a la lógica.

Mi amigo Rich Dixon es maestro de matemáticas de escuela intermedia por entrenamiento. Le gustan las cosas que son medibles. En el otoño de 2012, él y su esposa Becky, y su perro, Monty, iniciaron un viaje medible con resultados inmedibles y una aventura de alto riesgo. Dieron un paseo en bicicleta, pero no cualquier paseo en bicicleta.

Casi treinta años atrás, Rich se cayó de su techo instalando unas luces de Navidad, y terminó en una silla de ruedas. Después de diez años de depresión, alguien le introdujo al ciclismo manual. En septiembre de 2012, él y Becky decidieron montarse en lo que muchos llamarían circunstancias imposibles con un mensaje de esperanza. Emprendieron un viaje de ciclismo manual desde la Cuenca del Mississipi en Lake Itasca, Minnesota, a New Orleans, Louisiana, una travesía de 1.600 millas.

Dos cosas ocurrieron: levantaron más de $60.000 para *Convoy of Hope*, un grupo que ayuda a los pobres y a los deprivados de derechos alrededor del mundo, y vivieron innumerables y a veces milagrosos encuentros con personas en el camino.[1] Dicho simplemente, fue alto riesgo, alto impacto, alta recompensa.

Mark es un tipo que se arriesga empujando límites. Para él, lo desconocido es una canción de sirena. Debe probablemente tener tatuado en su bicep derecho: "alto riesgo, alta recompensa". Es una persona que cuando el barista pregunta, "¿Crema o azúcar en su café?", probablemente responda, "No, gracias. ¡Solo adrenalina!". Alquilar un teatro en *Union Station* en DC cuando no sabes de dónde vendrá el dinero. Construir una cafetería en *Capitol Hill* con los precios de los materiales disparados en todo el mundo. Y plantar otra cafetería en Berlín, Alemania, mientras hace nuevas obras en el área metro de DC. Todas esas movidas nos llevan al punto.

En la obra del reino, las cosas tienen una manera de regresar a donde empezaron. Le servimos a un Dios que valora corazones sobre títulos, y ama virar al revés nuestras percepciones. El riesgo es la moneda de la buena aventura. "... *tome su cruz, y sígame*"[2] no es una invitación para los débiles de corazón. Puedes sentirte vulnerable e inseguro. Puedes estar sin fuerzas y hundido hasta la cabeza. Pero el llamado a la aventura es el llamado del Espíritu al espíritu. El llamado profundo a lo profundo. Es para lo que estás hecho. Y si puedes verdaderamente rendirte a Él, harás más, serás más, experimentarás más.

Rendirse a Jesús de Nazaret es una paradoja. Es riesgo absoluto y ningún riesgo. Cuando se vuelve a asomar mi miedo a ser decepcionado, me alientan las palabras de Pablo:

> *Porque con el corazón se cree para ser justificado, pero con la boca se confiesa para ser salvo. Así dice la Escritura: «Todo el que confíe en él no será jamás defraudado.»*[3]

Jim Elliot, un misionero en la tribu Huaorani, lo dijo de esta manera: "No es tonto el que da lo que no puede retener, para ganar lo que no puede perder."[4] Tú no pierdes tu vida cuando escoges seguir a Jesús; es el punto de partida hacia la vida que estabas predestinado a vivir. ¿Por qué no arriesgarlo todo y lanzarte de pecho con el Rey del universo?

¡Es tiempo de cargar la carreta y encaminarte a tu futuro!

 ## La historia de Mark

Es impresionante cuánto sabes cuando tienes veintidos años de edad.

Fue entonces cuando desarrollé un plan estratégico de veinticinco años para levantar una iglesia en la costa norte de Chicago. Mi profesor le dio una A. En la vida real, obtuvo una F. Nuestro primer intento de plantar una iglesia fue un fracaso, pero sentó las bases para todo lo que Dios ha hecho en la *National Community Church*, en Washington, DC. Aprendí una lección muy valiosa: *"Si el Señor no edifica la casa, en vano se esfuerzan los albañiles".* [5] Fue también el catalítico que nos dio el valor para llenar nuestra camioneta, un *U-Haul* de quince pies, y dar un paso de fe de 595 millas. Como los Foths, tuvimos nuestra justa porción de "no's": no salario y no lugar donde vivir. Pero también sabíamos que cada aventura comienza diciéndole sí a la voluntad de Dios, a la manera de Dios. Entonces empieza el juego.

Algunas personas consideran "riesgo" una palabra de seis letras. Cualquier oportunidad que pueda llevar a la posibilidad de un fracaso es algo que debe evitarse a toda costa. Quieren la seguridad del éxito sin el riesgo al fracaso. El miedo al fracaso los mantiene encerrados, tomando las mismas pequeñas decisiones. Bajo riesgo. Baja recompensa. Yo tengo una manera diferente de ver la vida.

Temo más perder una oportunidad que cometer errores. Desde luego cuento los costos, pero no solo los costos reales. Evalúo detenidamente los costos de oportunidad. De la forma que lo veo, puedes evitar cometer errores y jugar para no perder, o puedes sacar el máximo a cada oportunidad y jugar para ganar. Vivo bajo una premisa sencilla: el mayor riesgo es no tomar riesgos. Si no te sales del bote, una cosa es segura; nunca caminarás sobre las aguas.

Algunos de los más grandes innovadores y líderes de nuestro tiempo repitieron sus fracasos. No solo uno o dos fracasos, sino momentos decisivos de la vida que pudieron y debieron haberlos detenido en la carrera. Abraham Lincoln perdió ocho elecciones, fracasó en dos proyectos de negocio, y atravesó una crisis nerviosa antes de poner un pie en la Oficina Oval. A Thomas Edison le tomó más de diez mil intentos lograr la bombilla correcta. La mayoría de nosotros nos hubiésemos rendido después de tres intentos. Después de años intentando utilizar la electricidad como fuente de luz, un reportero le preguntó si se sentía como un fracaso. Lo miró sorprendido y le dijo: "Joven, ¿por qué me debería sentir como un fracaso? ¿Y por qué me rendiría? Ahora conozco definitivamente más de nueve mil formas en las que la bombilla eléctrica no va a funcionar. El éxito está casi en mis manos."[6]

La causa principal del fracaso es el éxito mal administrado. Y la causa principal del éxito es el fracaso bien administrado. Mil intentos más tarde, un pequeño parpadeo de luz bailó en los filamentos de la primera bombilla que funcionó, y se revolucionó el mundo entero. Nada jamás sería igual. Edison pudo haberse rendido años antes y salvado su cara. Él pudo haber aparecido con algún pequeño invento que él sabía que funcionaría, para restaurar su reputación. Pudo haber dejado de tomar riesgos y jugar seguro, pero él miraba la vida a través de un lente diferente al de sus escépticos. Él no veía los fracasos como fracasos. Él los veía como peldaños necesarios que lo acercaban cada vez más a donde él necesitaba estar.

Yo he tenido más de mi porción de fracasos épicos. ¿Has escuchado alguna vez del *Godipod*? Probablemente no. Eso es porque es una de mis buenas ideas que se convirtió en una mala idea. Pensé que era una idea de un millón de dólares, pero resultó ser una pérdida neta de $15,000. En realidad, fueron $15,000 en educación. Nuestra primera plantación de iglesia fue algo vergonzosa, desalentadora y confusa. Así que, dos años más tarde, cuando nos pidieron pastorear una congregación de diecinueve personas en *Capitol Hill*, pudimos haber dicho: "No, gracias. Ya hemos estado allí. Ya hemos hecho eso". Pero aunque nuestro primer intento había fracasado, sentimos que esta era una oportunidad que no debíamos dejar pasar.

Como a Edison se le atribuye haber dicho: "La mayoría de las personas no ven la oportunidad porque viste un mameluco y parece trabajo."[7] Todos nosotros queremos ser exitosos, pero muchos de nosotros no estamos dispuestos a hacer lo que hicieron para lograrlo aquellos que son exitosos. Queremos éxito sin sacrificio, pero no puedes tener el uno sin el otro.

Abraham Lincoln, tras el repetido fracaso político, ofreció este reto: "Mi gran preocupación no es si has fracasado, sino si estás contento con tu fracaso".[8] Caer no es fracasar. La única manera en que puedes fracasar es si te quedas abajo. Éxito es levantarte una y otra vez.

Tendemos a sobrestimar lo que podemos lograr en uno o dos años, pero subestimamos lo que Dios puede hacer en una o dos décadas. Mantente haciendo lo correcto un día tras otro, semana tras semana, año tras año. Los reveses son solo eso – temporeros. Retrocede. Mira el panorama completo. Si tu sueño es de Dios, probablemente te tomará más tiempo y será más difícil de lo que te imaginas. Pero eso simplemente significa que es una meta del tamaño de Dios. Yo quiero perseguir sueños que estén destinados a fracasar sin intervención divina.

Una larga obediencia en la misma dirección. [9]

Eso es en donde está, en lo que a mí respecta. Es la clave para la longevidad. Es la clave de un legado. Estoy menos y menos impresionado con personas que experimentan éxito en poco tiempo. Estoy más y más impresionado con personas que sencillamente continúan continuando. Me fascina la frase "poco a poco" en Éxodo 23:30. Queremos mucho a mucho, pero esa no es la forma en que operan las empresas en el Reino de Dios. Malcolm Gladwell se refiere a esto como "la regla de diez mil horas."[10] Si realmente quieres ser bueno en cualquier cosa, tienes que trabajar en eso durante diez mil horas. No puedes engañar el sistema. Y veo eso en Dick Foth.

Después de alguno de sus mejores sermones, le digo en broma: "Si sigues en esto de estar predicando, podrías llegar a ser muy bueno". ¡Oye, alguien lo tiene que mantener humilde! La realidad es esta: los mensajes de Foth no son el producto de cuarenta horas de estudio. Más bien de diez mil horas de vivencias. De ahí es donde viene la autoridad. Y tan buenos como son sus sermones, su vida es aún mejor.

¿La idea de cometer un gran error, te mantiene marginado? ¿O el temor de perderlo todo en tu próxima oportunidad te impulsa a arriesgarlo todo?¿El fracaso en tu más reciente experimento te tiene moviendo la cabeza en desánimo? ¿O te motiva hacia tu nueva gran victoria?¿Estás conforme con fracasar, o lo ves como lo que te impulsa a tu nueva aventura? Algunos sugieren que una vida exitosa es una sola trayectoria ascendente de una victoria sobre otra. Dios dice: "Voy a tomar tus mayores fracasos y los voy a usar para mi provecho". Tu capacidad de ver el fracaso como un peldaño necesario se relaciona directamente con tu capacidad de soñar en grande y en lo mejor. Si estás dispuesto a arriesgarlo todo y dar un paso de fe, Dios puede reciclar tus errores. Tengo algunos más buenos fracasos frente a mí. A cambio, creo que ellos van a producir más oportunidades, más saltos de

fe, más victorias y más éxitos. La seguridad está altamente sobreestima-
da.¿Por qué no arriesgarlo todo y vivir la vida que fuiste creado para vivir?

El mayor riesgo es no tomar ningún riesgo.

7

Metas Compartidas

➤ **La historia de Dick**

Los aviones son cosas divertidas. En apenas cincuenta años han suplan-
tado a trenes y barcos como la forma primaria de tránsito rápido en todo
el mundo. Ellos no son naturales. No solo porque aceleras a quinientas
millas por hora a seis millas sobre la superficie de la tierra. Ellos no son
naturales porque te sientas codo con codo junto a un total extraño durante
cinco horas a medida que cruzas los Estados Unidos, y al aterrizar, todavía
son desconocidos.

Mi forma favorita de manejar eso es una pregunta. Me vuelvo a mi compañero de asiento y digo: "Así que, ¿vas a casa o sales de casa?". Muchas
conversaciones interesantes comienzan.

Una charla así, hace unos años, fue especial. Yo estaba en un vuelo de Chicago a una ciudad del sur sentado al lado de un chico joven con gafas oscuras y gruesas, pelo ondulado. Era un vendedor corporativo que volvía
a casa de una conferencia. Pensé que conversar no podía estar alto en su
lista, porque dejó puestas sus gafas. Pero según avanzó el vuelo, la pequeña conversación cambió a verdadera conversación. El tipo de conversación
que revela tu alma.

En un momento dado le pregunté: "¿Cuáles son tus tres metas en la vida?".

Pensó un momento y luego dijo: "¿Por qué no me dices primero tus tres, y
yo te diré las mías?".

En el calor del momento dije: "Número uno, siempre quiero hallarme en el reino de Dios; número dos, siempre quiero tener relaciones estrechas con las personas; número tres, nunca quiero dejar de aventurar toda mi vida".

Él dijo: "¡Bueno, pienso que esas serían mis tres también! Pero ¿estaría bien si me ganara cien mil dólares este año?". En 1971, $100.000 era una gran cantidad de dinero.

"¡Claro!", le dije. "Si vamos a tener metas, ¡vamos a tirar para la luna!"

"Por 'reino'", dijo, continuando la conversación, "¿quieres decir Jesús?".

"Sí."

"Yo solía pensar en Jesús. A los doce años en realidad empecé a seguir a Jesús en un campamento de verano. Pero me extravié en la escuela secundaria, y nunca he vuelto."

Él se detuvo por un momento. No podía leer su expresión a través de sus gafas oscuras.

"Tengo que decirte que, cuando voy en viajes como este, lo primero que hago es conseguir una botella e ir a una habitación de motel, y es cuesta abajo desde allí."

No era apropiado un consejo. Solo una invitación. "Sería muy bueno", le dije, "si volvieras."

Cuando aterrizamos, entró en el pasillo para dejarme salir porque él continuaba viaje. Cuando me enfrenté a él, se quitó sus gafas de sol y tendió la mano. Entonces me sorprendí diciendo: "Creo que Dios me envió a ti."

"Yo también lo creo", él estuvo de acuerdo. A veces la cita divina ocurre en la fila 7 de un DC-9.

Mi sugerencia de despedida fue: "¿Por qué no buscas en tu ciudad a alguien que sea creyente y empiezas a volver? Yo te doy seguimiento en un par de semanas y veo cómo va".

Cuando lo llamé tres semanas más tarde, dijo: "He encontrado a alguien con quien reunirme y voy a volver."

Las metas tienen una manera de re-enfocar tu vida. Te dan propósito y un blanco a donde apuntar. Son la brújula de nuestros sueños, ayudándonos a establecer un rumbo fijo. Las metas comprenden dirección y progreso. Cuando perdemos de vista nuestras metas, tendemos a perdernos de vista a nosotros mismos, a quienes nos queremos convertir, a quien Dios nos hizo para ser.

Mi amigo estaba persiguiendo más definitivamente sus $100,000 al año. Pero lo que entró en foco en nuestra conversación fue que se había perdido de vista a sí mismo. El chico que amaba a Jesús. El hombre que se respetaba a sí mismo. Estos se perdieron en la traducción.

Me acuerdo de un viaje que hice con algunos amigos hace una década. Éramos una docena de hombres de diferentes rutas de la vida: educadores, clérigos, políticos, abogados, y un pescador de red larga de Carolina del Norte, todos conectados a mi amigo de la infancia, el senador John Ashcroft. Nos reuníamos una vez al año para un fin de semana largo solo para disfrutar de la vida y uno del otro. Era un tiempo para recalibrar. Este fin de semana en particular lo pasaríamos en *Catalina Island*, frente a la costa del sur de California.

El *Four Preps*, un cuarteto estadounidense popular en los años cincuenta, sesenta y setenta, cantó de *Catalina* de esta manera: "Veintiseis millas a través del mar, Santa Catalina espera por mí". En una tarde de finales de otoño atravesamos aquellas veintiseis millas en tres barcos pesqueros abiertos de dieciocho pies. Cuando le pregunté a mi amigo abogado que coordinaba la pequeña flotilla, acerca de las nubes sobre el Canal de Catalina, respondió: "Oh, simplemente lo llamamos una capa marina". No mucho más tarde, al caer la noche y estando cinco millas en el canal, aquella capa marina estalló en truenos y relámpagos.

El agua se derramó sobre los lados del barco, al lanzarlo en los mares oscuros. Los rayos no paraban. Cansados, mojados, y no poco desconcertados, desesperadamente tratamos de ver a *Catalina*. En ese momento un rayo cayó tan cerca que tumbó nuestro loran, el dispositivo de radar que mostraba nuestra posición en relación con la tierra. Ahora, excepto por aquellos destellos, estábamos ciegos. ¿El problema? Si perdíamos a *Catalina*, nuestra siguiente parada era Hawaii, ¡2.459 millas de distancia! Con gratitud, pronto vimos las luces parpadeantes en la playa mostrándonos el puerto.

La vida está llena de metas para ser identificadas y mantenerse a la vista. Cuando se pierde de vista la meta, simplemente vamos a la deriva. A veces la deriva puede significar desastre.

Mi amigo Paul McGarvey tenía una frase puesta en el cuarto de vestuario de su equipo de fútbol. Leía: "¡Sin deseo, desastre!". Entre las toallas y cascos y equipo, había un llamado a algo más grande. A nivel de agallas, este equipo tenía realmente que querer ganar antes de que pudiera suceder. Todas las prácticas, todos los ejercicios, todo el sudor, y todo el ajetreo tuvieron que ser encendidos por ese deseo. Si ellos no tenían el deseo, el juego se perdía antes de que ellos pusieran un pie en el campo de juego.

Lo mismo es cierto para esta aventura que llamamos vida. Tenemos que tener el deseo de alcanzar nuestras metas. El deseo mueve montañas y derrumba paredes. A veces nos salimos de curso, deseando cosas o estableciendo metas que no llegarán a buen fin. Pero si nuestro deseo está en el lugar correcto, amando a Jesús y amando a los demás, no se sabe a dónde Jesús nos puede llevar. Él nos sobresueña, sobreplanea, sobresupera. Nos excede y supera sobreabundantemente en todo lo que soñamos, planeamos y pensamos en todo, en todo momento.

Filipenses 2:13 dice: *"pues Dios es quien produce en ustedes tanto el querer como el hacer para que se cumpla su buena voluntad"*.

Podemos no cumplir con cada meta que nos proponemos. Podemos ver o no esos $100.000 que esperábamos. Cometeremos algunos errores y haremos un poco de vuelta hacia atrás de vez en cuando. Pero una cosa está clara: si nuestro mayor deseo es seguir a Jesús, y nuestra meta más grande es encontrarnos a nosotros mismos en Su presencia al final de esta vida, Él lo hará realidad. En ese momento, nuestro deseo y Su deseo para nosotros se cruzarán.

La historia de Mark

En el 1905 Albert Einstein sorprendió al mundo con su ecuación revolucionaria, $E=mc^2$. Einstein escribió cientos de artículos en el transcurso de su carrera. Pero esta ecuación provocadora, impresa en uno de sus "artículos del Annus Mirabilis", no fue algo con lo que él simplemente se tropezó por casualidad. Fue la culminación de años de investigación, de una curiosidad insaciable acerca del universo y de un amor profundo por la ciencia. Cuando Einstein era un niño pequeño, su padre le regaló una brújula. Albert estaba fascinado por el poder que parecía emanar desde la atracción magnética de la brújula. Años más tarde, él escribiría: "Aun puedo recordar... que esta experiencia hizo una impresión profunda y duradera en mí. Algo profundamente escondido tenía que estar detrás de las cosas."[1] Como un adolescente, la intriga y la maravilla de la física se arrastraron dentro de los sueños de Albert. Una noche, él soñó que se deslizaba por una colina, cada vez más rápido, hasta que se acercó a la velocidad de la luz. Las estrellas irradiaban un amplio espectro de colores. Él estaba extasiado. Cuando despertó, él sabía que tenía que interpretar el sueño. Años más tarde, él dijo que toda su carrera científica fue una meditación de ese sueño.

Albert Einstein no entendió el sueño que tuvo a los trece años de edad, pero algo muy profundo en su interior le mantuvo pensando en ese sueño toda su vida. Tal vez él no se había trazado metas tangibles para trabajar, pero cada experimento en el que fracasaba, cada nuevo descubrimiento era un paso más cerca para entender la velocidad de la luz. Cada clase de ciencia y profesorado que él tomó lo acercaban más a su destino.

Cuando yo era un estudiante de seminario, mis sueños eran un poco diferentes. Tuve que asistir a una entrevista para recibir, oficialmente, mis credenciales como ministro. Esperaba preguntas teológicas, y esta preparado para eso. Pero el sabio anciano pastor, sentado frente a mí, no me hizo preguntas teológicas acerca de la Escritura. Él me preguntó: "Si tuvieras que describirte a ti mismo con una sola palabra, ¿cuál sería?".

Esa no era la pregunta que anticipaba. Pero sin titubear le dije: "Impulsado".

En realidad, pensé en ese momento que había sido una buena contestación. Pensé que incluso podían pasar por alto el proceso de licencia y sencillamente ordenarme en ese momento. "¡Oigan muchachos, tenemos en nuestras manos a un joven de veintidos años impulsado!". Tenía muchos sueños que quería cumplir, y lo quería lograr lo más pronto posible. Aún soy así. Pero a través de los años, me he movido del estilo de vida LMPP al enfoque ETQT. No se trata de completar mis metas "lo más pronto posible". Es completarlas en "el tiempo que tome".

¿Si tuviese que describirme con una palabra? Buscador. A los veintidos años, yo estaba impulsado por el deseo de lograr cosas para Dios. Veintidos años más tarde, no se trata de buscar el éxito. Se trata de buscar a Dios. Y cuando buscas a Dios, el éxito te sigue. El 23 de marzo de 2014 es uno de mis días decisivos. El 23 de marzo de 2014 fue un día que marcó mi vida. Ese fue el día que yo hice un pacto de buscar a Dios. Había estado sirviendo a Dios durante casi dos décadas al momento, pero no lo estaba buscando como podía y debía. Al menos no primero.[2] Y Dios nunca se conformará con el segundo lugar. Así que voy a buscar a Dios con una nueva intensidad, una nueva consistencia. Pero eso no significa que estoy soñando menos. Cuanto más tiempo pasas en la presencia de Dios, más grandes se convierten tus sueños.

En mis veintes se me ocurrió hacer mi primera lista de metas. En el transcurso de una década, he continuado añadiendo metas mientras marco como completadas unas pocas. Cada año, priorizo cuáles debo perseguir ese año. Para mí, es un asunto de mayordomía. Estoy intentando administrar aquellos dones que Dios me ha dado poniéndolos en forma de metas.

Tengo un llamado para escribir. Esto se ha posicionado en una meta de escribir veinticinco libros. Uno de nuestros valores familiares es la generosidad. La cantidad que nos establecemos dar a otros cada año es una expresión de nuestra creencia de que, en las palabras de Jesús, "*Hay más dicha en dar que en recibir*".[3] Mis metas de viajes y de experiencia tienen una base teológica en la creencia de que si Dios creó todo, es buena administración estudiar, explorar y disfrutar las diferentes facetas de Su creación. Cada meta que me he establecido está directamente vinculada a una faceta única de cómo Dios me ha programado y a los sueños que Él ha depositado dentro de mí.

Hace algunos años, las placas tectónicas cambiaron en mi fijación de metas. Mi primera lista de metas era bastante egocéntrica. En años recientes, he adaptado mis metas haciéndolas más relacionales. Por ejemplo, no me gustaría ver una obra de *Broadway* solo, pero ver una obra de *Broadway* con Summer es un recuerdo maravilloso. Llevarla a ver Mary Poppins duplicó la alegría porque lo experimenté con ella. Besar a Lora en la parte superior de la Torre Eiffel fue mucho más divertido que verla solo. Y no hubiese ido al *Super Bowl XLV* si no hubiese podido llevar conmigo a Josiah. Por naturaleza, soy orientado a la tarea. Por crianza, y con un poco de tutoría de Foth, me estoy convirtiendo en una persona más orientada a la relación. Nunca seré tan relacionista como Dick – para ser honesto, no soy muy hablador en los vuelos. Pero quiero invertir en otros de la manera que Dick ha invertido en mí. No solo estoy interesado en lo que las personas puedan aportar a nuestro equipo; estoy pensando en cómo ayudarlos a avivar en llamas los dones que Dios les ha dado. Yo pienso en la iglesia como en una carretera de dos carriles. Un carril está invitando a las personas a ser parte del sueño corporativo que Dios le ha dado a *National Community Church*.

Pero me gusta más el segundo carril: ser parte del sueño individual que Dios les ha dado.

Por varios años, Jill Carmichael, miembro de NCC, sirvió como directora de la división en *Friendship Place*, una agencia que ofrece viviendas para las personas crónicamente sin hogar más vulnerables en DC. La pasión de Jill por las personas sin hogar es contagiosa. Esto inspiró a otros veinticuatro miembros de NCC a aceptar el desafío de estar sin hogar este año, y pasar setenta y dos horas en las calles de DC. Su meta es ponerle fin a la cifra de personas que no tienen hogar en la capital de la nación. Esta es una visión que podemos apoyar.

Las metas son una manera de ir tras las cosas, y vivir la vida al máximo. Cuando vas tras las metas acompañado de las personas que amas o te importan, eso fortalece la relación como ninguna otra cosa. Si nosotros compartimos todo lo que Dios ha puesto en nuestros corazones, y administramos nuestros dones y talentos de forma colectiva, en Su nombre, ¡el cielo será el límite!

Hay un solo Albert Einstein. Hay una sola Jill Carmichael. Hay un solo Dick Foth. Hay un solo tú. No hay dos pasiones, dos metas, dos personas que puedan ser idénticas. Cuando Dios nos creó, Él no hizo variaciones de un tema; Él creó un original completo. Él nos diseñó con pasiones diferentes, propósitos diferentes y deseos diferentes. Dios ha confeccionado sueños específicos para nosotros, y nos ha confeccionado a nosotros específicamente para esos sueños.

La última vez que verifiqué, la fe es estar seguro de aquello que esperamos.[4] Esto suena muchísimo como a metas. Metas que glorifican a Dios. Así que convertirse en una persona orientada a las metas es realmente el resultado de convertirse en una persona orientada a Dios. No puedes evitar soñar acerca del futuro. Y son esos sueños tamaño Dios que te mantienen de rodillas en una dependencia total de Dios. Eso es lo que nos mantiene humildes, nos mantiene hambrientos. Eso es lo que nos mantiene presionando hacia adentro y hacia adelante.

**Las metas son sueños con
fechas de vencimiento.**

8

El Locus del Amor

 **La historia de Dick**

Los surfistas conocen el nombre *Steamer Lane*. Es un lugar que aloja la competencia de surfeo anual *Coldwater Classic* y termina en *West Cliff Drive* en Santa Cruz, California. La calle refleja la curva natural de la costa del Pacífico, rodeando el malecón del parque de atracciones construido a principios de siglo, hasta más allá de *Steamer Lane* en *Lighthouse Point* y *Seal Rock*, abrazando los acantilados salpicados de sal hasta terminar en *Natural Bridges State Beach*. Era mi lugar favorito para correr cuando era presidente de la universidad.

Caminando a lo largo de su ruta de bicicleta, recibes una sinfonía de imágenes, sonidos y olores. La llamada de las gaviotas, la picadura de sal en el viento y el oleaje de las olas rompiendo contra las rocas sobresalientes forman una experiencia multisensorial impresionante.

En una noche fría en la primavera de 1962, muchos años antes de esas carreras, experimentaba una sensación diferente mientras conducía por *West Cliff Drive*. Era el golpeteo de mi corazón en mi pecho. Sentada a mi lado estaba Ruth Blakeley, una chica alta, de ojos verdes, que, como el decano de las mujeres de nuestra universidad decía, "se llevaba a sí misma como una reina". Habíamos estado saliendo durante unos seis meses, pero yo todavía estaba nervioso acerca de nuestra relación. Universitario de tercer año con veinte años de edad, había sido tartamudo desde la edad de cinco. Sintiéndome un poco inseguro sobre esto, se lo mencioné a Ruth improvisadamente.

"Ruth, yo n-n-o sé si quieres s-s- seguir -c-c-conmigo porque yo t-t-t-arta-m-m-mudeo. No p-p-p-uedo hablar".

Ella me miró, sonrió muy dulcemente, y me dijo: "¿De verdad? No me había dado cuenta".

Esa afirmación comenzó algo. Comenzó abriendo una puerta y dejándome escapar. Ella liberó mi alma. Porque lo que le oí decir fue, *Me gusta como eres. Me gustas, si tartamudeas o no.*

Cuando eres tartamudo, no se siente como impedimento físico; se siente como un desorden de la personalidad. Al crecer, sentía cómo la mitad de las veces las personas me miraban la boca y pensaban que era estúpido. El tartamudeo me hacía sentir como si fuera menos. Así que cuando Ruth me sonrió y dijo que no se había dado cuenta de mi tartamudeo, mi mundo cambió sobre su eje. Me amaba como yo era. En sus ojos, yo era todo lo que necesitaba ser. Ella marcó una de las claves de mi vida. Me estaba amando de la forma en que necesitaba ser amado.

Años atrás, mi amigo Alan Groff compartió esta definición: "El amor es el estimado preciso y la provisión adecuada de la necesidad de otra persona". Esa verdad se ha quedado conmigo. En el idioma inglés, el amor es una palabra de acordeón; puede contraerse o expandirse dependiendo del enfoque. "Amo el béisbol. Amo la mantequilla de maní. Te amo". La palabra termina carente de significado. No *dice* nada. Pero si el *amor* realmente significa que estimamos con precisión y suplimos adecuadamente la necesidad de otra persona, dice una tonelada. Se convierte en único, poderoso y vivificante.

Por lo general, cuando decimos que amamos a alguien, no estimamos exactamente nada. Solo amamos a las personas de la manera que queremos ser amados. Pensamos que si queremos ser amados de cierta manera, todos los demás deben quererlo igual.

En sus últimos años, mi padre, que vivía en Palm Springs, California, nos mostraba su amor cada Navidad enviándonos dátiles. Dátiles en mermelada, dátiles azucarados, dátiles rellenos con nueces. Realmente le encantaban los dátiles. A nosotros no. Terminamos con setenta y ocho libras de dátiles en la nevera durante los años, pero no tuve el valor suficiente para decirle que no nos gustaban.

Además de los dátiles, papá tenía una gran afición por el queso. Una Navidad le enviamos un paquete de diez libras de queso de Wisconsin. Cuando llamó para agradecernos por el queso, me preguntó: "¿Alguna vez te he enviado dátiles para Navidad?". Era ahora o nunca.

Le dije: "Sí, unas cuantas veces. Y papá, tengo que ser honesto. No nos gustan tanto los dátiles".

Él dijo: "Oh, lo siento. Te voy a enviar otra cosa". En una semana nos llegó una caja de diez libras de queso. Por lo menos no eran dátiles.

Amar a las personas de la manera en que necesitan ser amadas nunca es fácil. Me tomó algunos años en nuestro matrimonio saber cómo amar a Ruth. Cuando éramos padres jóvenes con niños de cuatro a ocho años o menos, llegaba a casa del trabajo y encontraba a Ruth agotada y oliendo ligeramente a crema para la dermatitis del pañal.

Con una mirada salvaje en sus ojos, ella decía: "¡Tengo que salir de aquí!". Yo creía que sabía cómo remediar eso. La sacaría de la casa y lejos de los niños. Un viernes por la tarde, a finales de noviembre, llegué a casa y le dije: "¡Ruth, no vas a creer esto. Tengo dos entradas para ver el *Fighting Illini* jugar con *Ohio State!*" Ella me miró sonriente y dijo: "Fabuloso". En aquel entonces pensé que podría amar a Ruth en la forma que quería ser amado y todo funcionaría. Pero para Ruth, ver el *Fighting Illini* se parecía mucho a recibir una caja de dátiles de mi papá.

La última cosa que ella quería hacer era pasar tres horas sentada en un estadio cubierto de nieve mirando a chicos golpearse unos a otros.

Soy mucho más astuto ahora. Yo sé que amar a Ruth es más como una taza de té caliente, una barra de chocolate *Hershey*, y una visita a una tienda de antigüedades. Si vamos a vivir esta vida al máximo, tenemos que empezar a amarnos unos a otros en la forma que necesitamos ser amados. Puede no llegar de forma natural, pero si lo hacemos, revolucionará nuestras amistades, nuestras relaciones con nuestros cónyuges, y nuestras interacciones con nuestros hijos.

Amar a las personas como ellas necesitan ser amadas es el punto central de Jesús. Mire más de cerca a Juan 3:16: *"Porque tanto amó Dios al mundo, que dio a su Hijo unigénito, para que todo el que cree en él no se pierda, sino que tenga vida eterna"*. Jesús entendió mejor que nadie la esencia del amor. Nos encontró en el momento de nuestra mayor necesidad. Permíteme parafrasear el verso de esta manera: "Porque de tal manera amó Dios a Richard Foth que Él estimó con exactitud que era un desgraciado que necesitaba un Redentor. Por lo tanto, Él adecuadamente proveyó un Redentor en la persona de Jesucristo de Nazaret, para que Foth pudiera vivir con Él para siempre. Por lo tanto, Foth sabe que es amado". Ese es el corazón de esto. O como Mark lo pone: "¡Jesús nos ama cuando menos lo esperamos y menos lo merecemos!".

Cuando desciframos cómo *amar* a la otra persona, eso abre los cerrojos de nuestras puertas, libera nuestras almas, y nos pone en la ruta hacia vivir la clase de vida para la que estamos hechos.

La historia de Mark

El amor es algo poderoso, y yo he tenido el privilegio de se amado en una manera poderosa. Tuve dos de los padres más amorosos que una persona quisiera tener. Ellos tenían este tipo irracional de fe parental, de que yo podía ser lo que quisiera ser y hacer lo que quisiera hacer. Ellos creyeron en mí, permitiéndome creer en mí mismo. Siempre supe que mi mamá y mi papá estaban en mi esquina. No importa qué. Pero lo maravilloso acerca de mi mamá y mi papá es que ellos me amaban aun cuando estropeaba las cosas. Esos son los momentos más memorables, como el día que dejé caer el fósil de mi abuelo. Eso volvió a suceder cuando estaba en el último año de escuela secundaria.

Una tarde, cuando estaba de camino a uno de mis juegos de baloncesto, hice un giro brusco a la izquierda y le hice un corte a un automóvil que venía en la dirección contraria. Desafortunadamente, ese automóvil era uno de esos que tienen luces y sirenas en la capota. Realmente, intenté tomar rutas alternas, y deshacerme del coche del policía porque sabía que el oficial me seguiría. Así fue que recibí mi primer boleto, con una etiqueta de precio de $100 – una pequeña fortuna para un chico de escuela superior que ganaba el salario mínimo a tiempo parcial, en una estación de gasolina. Pensé largo y tendido sobre lo que debía hacer. Decidí que no le iba a decir a mis padres lo sucedido, porque, ya sabes, no quería que se preocuparan innecesariamente. ¡Yo era un hijo considerado! Lo que yo no sabía era que el departamento de la policía de Naperville tenía la práctica de enviar por correo una copia del boleto a la dirección residencial del infractor. Dado el hecho que mi madre recibía la correspondencia diariamente, ella y mi padre pronto se enteraron que yo había sido citado. Así que ellos sabían, pero yo no sabía que ellos sabían. Viví con mi secreto durante algún tiempo. Me comía por dentro, ya que no tenía idea cómo iba a pagar el boleto. El momento de la verdad llegó la noche de un partido de baloncesto contra nuestros vecinos rivales. Hicimos una reaparición increíble esa noche, borrando una desventaja de 23 puntos a cinco minutos de juego. Así que fue una inyección de adrenalina. Después mi padre bajó a la cancha. No mencionó nada de la victoria ni del gran juego que había jugado. Él solo dijo: "Mark, yo quiero que sepas que nosotros vamos a pagar el boleto por ti." No hubo recriminaciones. Ningún "Estoy decepcionado de ti." Solo un: "Nosotros nos haremos cargo."

Nunca he sentido dos emociones tan fuertes a la vez. Estaba lleno de un profundo sentimiento de culpa al descubrir que mis padres sabían lo que yo había hecho, y un sentimiento increíble de alivio al saber que ellos se harían cargo de la multa, la cual yo no tenía forma de pagar. Fue un momento decisivo – un momento definido por la gracia. Ese momento único en el tiempo le ha dado forma a la manera en que vivo mi vida hoy, y a la forma en que trato de criar a nuestros hijos. Como padre, tienes que saber cuándo hacer justicia y disciplinar a tus hijos. También necesitas saber cuándo ser misericordioso y modelar la gracia de Dios. Busco oportunidades para mostrarles a mis hijos la gracia, de modo que ellos puedan experimentar lo que se siente. Esa sensación de ser amado, no importa qué, te hace libre.

Esta experiencia de la gracia ha impactado la forma en que nosotros modelamos la gracia en NCC. Otro de nuestros valores fundamentales como iglesia es amar a las personas cuando menos lo esperan o cuando menos lo merecen. Esa es la clase de amor que Jesús nos demuestra. Cuando estamos en nuestro peor momento, Él está en su mejor momento. Uno de los mejores ejemplos de esto se muestra en la historia de la mujer sorprendida en el acto de adulterio. Aquí está una mujer que sabía que estaba haciendo lo incorrecto. En la presencia de Jesús, ella no esperaba recibir gracia; ella esperaba morir. De acuerdo a la ley de Moisés, ella merecía ser apedreada hasta la muerte. Pero Jesús pensó que ella merecía algo diferente. El único que tenía el derecho para apedrearla fue quien la defendió, y la amó, cuando ella menos lo esperaba y menos lo merecía. Los fariseos sostenían las piedras en sus manos, y Jesús les dijo: "*Aquel de ustedes que esté libre de pecado, que tire la primera piedra.*"[1] Era casi como si Jesús le dijera: "¡Ustedes pueden apedrearla sobre mi cadáver!". Él cambió su sentencia de muerte por una nueva oportunidad de vida. No solo ella no tuvo que morir, sino que Él le ofreció una nueva forma de vida. Donde los fariseos y la ley la tenían arrinconada y acorralada, Jesús apareció con Su amor y la hizo libre.

A lo largo de los años he citado consistentemente la definición del amor de acuerdo a Dick: la estimación precisa y la provisión adecuada de la necesidad de otra persona. Eso es lo que tú haces cuando no lo puedes decir mejor de lo que ya se ha dicho. Así que cito a Dick frecuentemente, pero la primera vez que Dick me citó a mí, lo sentí casi como una experiencia fuera del cuerpo. Si no me equivoco, fue este valor fundamental: ama a la gente cuando menos lo esperen y menos lo merezcan. Fue una extraña inversión de roles, pero ese es uno de los grandes deleites de la mentoría. De vez en cuando el estudiante hace el papel del profesor. Llámalo mentoría invertida si quieres. Eso convierte la mentoría en una calle de dos direcciones. La capacidad de amar a alguien porque hace lo que tú quieres que haga es común. La capacidad de amar a alguien, a pesar de lo que han hecho, simplemente por quien es, es raro. Sin embargo, Jesús nos muestra una y otra vez en los evangelios que Él amó a las personas, no por lo que hacían o no hacían. Este no era el locus del amor. Él se mantuvo alcanzando a las personas que menos esperaban ser amadas – los marginados, los inadaptados, los pecadores. Él no los amó por quienes ellos eran. Él los amó por quien Él era.

Hay algo profundo en un amor que no se basa en el rendimiento. El verdadero amor no da calificaciones. Si así fuera, todos fracasaríamos. Pero en la cruz nos aprobaron. Jesús tomó el examen por nosotros. Él pagó el boleto de $100. Él nos amó cuando menos lo esperábamos y menos lo merecíamos. Y eso fue los que nos hace libres.

**Ama a las personas cuando menos
lo esperen y menos lo merezcan.**

9

Invaluable e Irremplazable

> **La historia de Dick**

24 de de agosto del año AD 79, era como cualquier otro día en la idílica costa sur de Italia. Hasta la 1:00. Fue cuando el Vesubio explotó. Cuando la erupción disminuyó dos días más tarde, las ciudades de Pompeya y Herculano yacían debajo de trece a veinte pies de ceniza caliente. Miles de personas que no tenían hacia dónde correr habían muerto por choque térmico.

Diecinueve siglos más tarde, Ruth y yo vimos los restos descubiertos de esas ciudades e intentamos imaginar todo. El miedo crudo. El caos. La inutilidad. Éramos turistas en un cementerio grotesco, fascinante. Y el evento que nos llevó allí era todo lo contrario de lo que estábamos observando. Estábamos mirando un lugar de muerte mientras asistíamos a una conferencia inmediatamente al otro lado del mar Tirreno desde el Vesubio. Se llamaba "La aventura de vivir".

Ser sorprendidos por lo bueno es mucho mejor que ser sorprendidos por lo malo. Nuestras mejores sorpresas tienen el toque de Dios en ellas y dejan una huella indeleble en nuestras almas. "La aventura de vivir" en Sorrento, Italia, fue una de esas sorpresas. Unos queridos amigos de Urbana, Illinois, nos enviaron allí. El viaje coincidió con mi trigésimo cumpleaños. En mi mejor día nunca hubiera imaginado recibir ese regalo. La idea de conducir por la Costa Amalfi con Lyman Coleman, el gurú del movimiento de pequeños grupos en los años setenta, y su esposa, Margaret, nunca hubiera entrado en mi mente. Almorzar en una villa pesquera italiana con un legendario teólogo alemán era algo que no podía haber soñado por mí mismo. Para ser justos, realmente no era lo suficientemente astuto para saber quiénes eran estos hombres.

Pero a veces nuestros mejores momentos llegan cuando Dios nos sorprende con cosas que no hemos ganado y ciertamente no merecemos. Da forma a la manera en que vemos el mundo por el resto de nuestras vidas. Esa conferencia no solo fue el mejor regalo de cumpleaños que he recibido, sino cambió la trayectoria de mi vida.

La vista a través de un mar de cobalto por las puertas francesas abiertas de nuestra habitación en el Grand Hotel Riviera era impresionante. Debajo de nosotros, un muelle de madera con dos sillas para el sol, forradas con rayas azules, y blancas sobresalían del agua cristalina. El Monte Vesubio estaba delineado en el azul del cielo. Al abrir las ventanas, inhalábamos la fragancia de los naranjos en flor.

La compañía era igual de estimulante. La facultad consistía de escritores, teólogos, psiquiatras y músicos, cada uno llevando un sabor y una especialidad a la mezcla. Ciento veinte personas, la mayoría de mediana edad y acomodadas. Y luego estábamos Ruth y yo, ni lo uno ni lo otro. Es posible ser curioso y una curiosidad al mismo tiempo. Eso éramos nosotros.

Nos dejaron en este fértil ambiente y nos animaron a hacer contactos y comer con los oradores. Estábamos en la novena nube. Almorzamos con el consejero Paul Tournier y el psiquiatra Bernard Harnik. Nos hicimos amigos con Lyman y Margaret Coleman. Cada conversación rebosaba de nuevos conocimientos y risa. Cada nuevo pensamiento nos desafió y nos dejó entusiasmados de ser parte de seguir a Dios en esta aventura de vivir. Pasamos la semana absorbiendo la sabiduría de algunos de los líderes más visionarios del momento. Pero más nos sorprendieron los encuentros y conversaciones espontáneos con nuestro orador principal, el Dr. Helmut Thielicke de la Universidad de Göttingen en Alemania Occidental.

Helmut Thielicke era un teólogo luterano alemán que había formado parte del grupo Goerdeler junto con el conocido pastor Dietrich Bonhoeffer, durante la Segunda Guerra Mundial. Carl Goerdeler, un político en ascenso, reunió a una red de aliados militares y políticos que trabajaban hacia el derrocamiento del gobierno nazi y la caída de Hitler. Helmut era un joven teólogo en el momento, y un líder de lo que se llamaría la Iglesia de la Confesión. Se puso de pie contra Hitler y el régimen nazi, que se había apropiado de la iglesia nacional, utilizando sus púlpitos para propagar retórica y dogma nazi. Helmut escapó de la Gestapo, a diferencia de muchos de sus homólogos, porque era joven y no era tan conocido. Un teólogo estimado y académico altamente educado, las charlas de Helmut eran fascinantes y estimulantes. Alrededor de la mesa de la cena, lo encontramos divertido, con los pies en la tierra, y un narrador magistral.

Tuvimos el gran privilegio de pasar una tarde improvisada con Helmut y su esposa, Marie-Luise, y su intérprete en el encantador pueblo de Positano, donde nos divirtió con historias de la guerra. Nuestro tiempo final con él tuvo lugar en la cena de clausura de la conferencia en el Grand Hotel Palatino en Roma. Ubicada en un pequeño salón de baile rodeado de los sonidos apagados de conversación y una abundante comida, tuvimos la suerte de estar sentados a su mesa. Cuando nuestra comida llegó a su fin, Marie-Luise buscó en su cartera, sacó una bolsa de cuero antigua de la que extrajo un grueso cigarro negro. Ella cortó la punta y se lo dio a él, y él comenzó una vez más a compartir algunas de sus historias con nosotros. El hombre había vivido una vida sorprendente y algo más.

Yo le había preguntado antes si podía entrevistarlo para mi programa de radio del sábado en la mañana *Wake Up and Live*, retransmitido por la afiliada local de CBS en Champaign-Urbana, Illinois.

Así que salió de la sala de baile para grabar la entrevista a través de su intérprete, y le pedí que compartiera sobre su participación en la resistencia alemana y su fe. Al terminar la entrevista, le hice una última pregunta: "Si tuvieras algo qué decir acerca de Dios y el hombre, ¿qué dirías?".

Se detuvo, cambió a inglés, y dijo: "El hombre no es valioso porque ama a Dios. El hombre es valioso porque Dios lo ama."

Habla de alguien que truena en una sola línea. Yo lo sabía, pero yo no sabía eso. Helmut Thielicke, este guerrero probado en combate con una mente brillante y mil anécdotas, había enmarcado un principio que desafió mi necesidad de ser amado por mi buen desempeño.

La forma en que lo hizo, de una forma sencilla, me vendría a la mente veinticinco años más tarde, cuando escuchaba a Mark enmarcar sus visiones e ideas. Es un maestro de una sola oración. Cuando dice cosas como: "La oración es la diferencia entre lo mejor que puedes hacer y lo que mejor que Dios puede hacer", es un momento Thielicke para mí. A veces Dios habla a través de Su Palabra. A veces habla en una pequeña voz. A veces habla a través de un joven pastor empresario en Washington, DC.

Y a veces Dios te habla a través de un teólogo alemán con un grueso cigarro. Aquí estaba un hombre que dedicó toda su vida al estudio de Dios. Un hombre que había sacrificado todo, y puso su vida en la línea para asumir una posición por Dios. Y este hombre me estaba diciendo que su valor como persona no vino de cualquiera de las grandes cosas que hizo por Dios, sino de la única gran cosa que el Dios del universo hizo por él. Fue amado por Dios. Por lo tanto, le importaba.

En esa breve declaración, el Dr. Thielicke re-enfocó cómo pensaba de mí mismo. Re-enfocó cómo debo pensar de los demás. Esa verdad se ha quedado conmigo durante más de cuarenta años. Cada persona es valiosa porque él o ella es amado o amada por el Creador del universo. El apóstol Juan lo expresa así: "*¡Mira qué gran amor que el Padre nos ha dado, para que seamos llamados hijos de Dios! ¡Y eso es lo que somos!*"[1]

En su gran misericordia, con tanto afecto y gracia inmerecida, Dios nos ha reafirmado como suyos. Somos hijos del Dios Altísimo, encarecidamente amados y altamente valiosos. Nuestro valor como seres humanos no tiene nada que ver con quiénes somos o lo que hacemos. Nuestro valor como seres humanos tiene todo que ver con de quién somos y lo que Él hace a través de nosotros.

 ## La historia de Mark

Según la revista *Forbes*, en la actualidad hay más de cuatrocientos multimillonarios en los Estados Unidos.[2] Algunos de ellos son multimillonarios varias veces. La mayoría de nosotros no nos podemos imaginar lo que sería tener tanto dinero en efectivo. Pero no nos molestaría pasar un día en sus costosos zapatos tratando de descubrirlo. Estamos fascinados por los ricos y la forma en que ellos gastan su dinero. Por supuesto, en lo que ellos gastan su dinero nos abre una ventana a sus almas. Algunos multimillonarios se han dado a conocer por la compra de enormes mansiones, piezas raras de obras de arte, yates de millones de dólares o rascacielos personales. El multimillonario Sir Richard Branson, fundador de *Virgin Group*, incluso compró su propia isla. Es difícil imaginar tener esa cantidad de dinero, pero en la realidad no somos diferentes a esos multimillonarios. Cómo gastamos nuestro dinero, por poco que tengamos, todavía revela qué valoramos.

En nuestra economía capitalista, el valor de un objeto está determinado por el precio que una persona está dispuesta a pagar por él. Mostramos lo que valoramos con nuestras carteras.

Cuando tenía dos años de edad, me pusieron en subasta en la feria del estado de Minnesota. Déjame explicarte. De alguna manera me alejé de mi familia, probablemente buscando *funnel cake*. Afortunadamente, alguien me encontró y me llevó al subastador. Mis padres tenían algo más que pánico. Nada aumenta más tu adrenalina que perder a tu hijo de dos años dentro de una feria en una multitud de miles. Fue entonces cuando el subastador me levantó y tomó las ofertas. Yo les recuerdo a mis padres que tuvieron la oportunidad de deshacerse de mí, pero evidentemente decidieron quedarse conmigo. Ellos fueron los que más ofrecieron. De hecho, ellos hubieran vaciado su cuenta de banco por mí. Esta subasta en particular ellos no la iban a perder. Nadie allí iba a superar la oferta de ellos. Para ellos yo no tenía precio.

Cuando se pierde un niño, todo se reduce a un punto focal, una misión: encontrar a ese niño. Cualquier otra cosa de importancia se desvanece en el fondo hasta que el niño está a salvo en los brazos de sus padres. Es en ese momento que la celebración estalla. Gozo indescriptible. El perdido ha sido encontrado.

En Lucas, Jesús pinta una imagen de esto en el relato de la parábola de la oveja perdida. Él es el Buen Pastor y Él nos ve a nosotros, Sus ovejas, sin precio. No hay distancias que Él no recorrería para encontrarnos. No hay precio que Él no pagaría.

Muchos recaudadores de impuestos y pecadores se acercaban a Jesús para oírlo, de modo que los fariseos y los maestros de la ley se pusieron a murmurar: «Este hombre recibe a los pecadores y come con ellos.» Él entonces les contó esta parábola: «Supongamos que uno de ustedes tiene cien ovejas y pierde una de ellas. ¿No deja las noventa y nueve en el campo, y va en busca de la oveja perdida hasta encontrarla? Y cuando la encuentra, lleno de alegría la carga en los hombros y vuelve a la casa. Al llegar, reúne a sus amigos y vecinos, y les dice: 'Alégrense conmigo; ya encontré la oveja que se me había perdido.' Les digo que así es también en el cielo: habrá más alegría por un solo pecador que se arrepienta, que por noventa y nueve justos que no necesitan arrepentirse.[3]

Los fariseos no entendieron a Jesús. ¿Qué hacía este maestro compartiendo con un montón de pecadores que no valían nada? ¿Por qué Él estaba invirtiendo en un grupo de religiosos difíciles que no sabían lo que significaba ser santo? Pero Jesús los pone en su lugar. Él no los veía como irredimibles; Él los veía como invaluables e irremplazables. Ellos no eran marginados; ellos eran Sus hijos. Ellos no eran perdedores; ellos estaban perdidos. Ellos eran Sus ovejas. Los niños perdidos de Su Padre. Hay solo una cosa en la que Él está interesado: encontrar los perdidos y reunirlos con el Padre.

He aprendido más acerca del Padre celestial convirtiéndome en padre terrenal que lo que aprendí completando tres grados de seminario. Los sentimientos paternales que tengo hacia mis hijos me han ayudado a entender la manera en que Dios siente por mí. La manera en que amo a mis hijos me abre una ventana al corazón del Padre celestial. Si algo le sucediera a Parker, Summer o Joshiah, no hay nada que yo no haría, no hay precio que yo no pagaría, para solucionarlo. Dios no es diferente en la manera que siente hacia ti. Su amor por ti es incalculable. Él es un Papá en una misión.

Son nuestras ideas falsas acerca de Dios las que nos conducen a ideas falsas acerca de nosotros. A menudo actuamos como huérfanos en vez de como los hijos adoptados que Dios ha escogido. Él está más orgulloso de ti de lo que puedes imaginar. Y no tienes idea de cuántas veces has dibujado una sonrisa en Su rostro. Al Padre celestial le encanta sorprender a Sus hijos haciendo las cosas correctamente. Yo me lo puedo imaginar a Él dándole un codazo a Sus ángeles y diciéndoles: "Miren, ese es mi niño" o "Esa es mi niña". El corazón del Padre celestial es revelado en el bautismo de Jesús.

«Éste es mi Hijo amado; estoy muy complacido con él.» [4] Tú eres amado.

Nunca ha habido ni nunca habrá alguien como tú. Esto no es un testamento para ti; es un testamento para el Dios que te creó. Y significa que nadie
más puede adorar a Dios como tú ni por ti. En los ojos del Creador, tú eres
invaluable e irremplazable. Tú eres la niña de Sus ojos. No hay precio que
Él no esté dispuesto a pagar para tener relación contigo. Él se niega a que
alguien ame más o sea más exitoso que Él. Con Su muerte en la cruz, Jesús
estableció un precio máximo tan alto que nadie lo podrá superar. La cruz
dice que tú vales morir por ti. La resurrección te da algo valioso por lo cual
vivir. Es tiempo de comenzar a vivir tu vida como el hijo de Dios altamente
valorado y profundamente amado que eres.

Nadie puede adorar a Dios como tú ni por ti.

10

Santo y Feliz

 La historia de Dick

"Cásate y múdate" haría una gran canción de *country*. Y podría ser un buen consejo. Ruth y yo nos casamos en Modesto, California, en una sofocante noche de julio. Tres semanas más tarde condujimos 2.100 millas de Wheaton, Illinois, para la escuela graduada. Dos años separados de nuestras familias y amigos hicieron una cosa por nosotros: nos ayudó a depender el uno del otro. Pero mi postgrado no me ayudaba mucho en casa. Aún era un estudiante de segundo año en el matrimonio.

Todavía estábamos aprendiendo a amar y a escuchar cuando regresamos a California para trabajar con el papá de Ruth, Roy Blakeley. Algunos amigos en la ciudad comenzaron un club de aviación llamado *Valley Sky Hawks*. Al ver la oportunidad para la aventura, me uní. En realidad no se me ocurrió preguntarle a Ruth lo que pensaba. Fui a la escuela de tierra, e hice mi primer vuelo en solitario desde el aeropuerto Manteca en un *Piper J3 Cub* después de once horas de clases de aviación. Yo estaba *cool*. A Ruth no le hizo gracia.

Un día mi amigo Bill me invitó a subir desde la pista de aterrizaje de una granja cercana, en un *Aeronca Champ*, sentado en tándem, en un avión de entrenamiento de un solo motor. Ruth estaba cautelosa. "Siento como que no deberías."

"Ruth", respondí, "solo voy a subir con él por un rato". A los hombres les gusta pensar que son lógicos. ¿Cuáles eran las probabilidades de que algo pasara? ¡Tenía once sólidas horas de vuelo en mi haber!

Ella dijo: "Solo tengo esta sensación de que no debes hacer eso". Ella estaba pensando en mí y en mi seguridad. Yo estaba pensando en mí y en mi amor por una buena aventura.

Ella fue conmigo a la pista de aterrizaje. Salí del coche y dije algo suave como: "Mujer, vete a casa". No fue mi mejor jugada.

El resto de la historia fue algo como esto: La mujer se fue a su casa. El hombre se montó en el avión. El hombre se estrelló en el despegue. El hombre entró a su casa veinte minutos más tarde, con la cara blanca como una hoja.

"¿Qué pasó?", preguntó la mujer".

¡Nos estrellamos!". Entonces el hombre procedió a llorar en su hombro.

He prestado mucha más atención después de eso. Escuchar los sentimientos de Ruth y su opinión sobre nuestro matrimonio se convirtió en una de mis prioridades. Más de una vez sus palabras me han mantenido a salvo. Las relaciones nunca funcionan bien cuando solo te escuchas a ti mismo.

Muy a menudo un hombre habla sus pensamientos y su esposa habla sus sentimientos. Confía en mí; los sentimientos son mucho más profundos. Asumir que estamos en la misma frecuencia de comunicación solo porque estamos hablando es pararse en un gran agujero. Necesitamos decir lo que sea y luego decirlo de nuevo. Entonces tenemos que refrasear y preguntar: "¿Te oí decir...?" o He oído que dices...?", o "¿Quisiste decir con eso...?".

Tal vez deberíamos examinar el modelo de la Marina en las conversaciones matrimoniales. Estábamos con algunos invitados en el puente del *USS Abraham Lincoln* en *Norfolk Harbor* hace unos años. Nuestro anfitrión estaba explicando cómo el oficial de cubierta se comunicaba con el timonel, en este caso, una joven de Colorado que había estado en la Marina solo siete meses y de diecinueve años. Era simplemente esto: Se da una orden ("Vire doce grados a estribor"), y el timonel lo repite en voz alta ("Doce grados a estribor"). Cuando lo ha hecho, dice, "Doce grados a estribor, señor. Yendo 210 grados sur suroeste". A continuación, él repite, "la partida actual 210 grados sur suroeste". Aparte de la parte de la orden, la repetición y la retroalimentación en un matrimonio podrían ahorrar tiempo, dinero y solitarias noches en el sofá.

Tomarse el tiempo para escuchar un cónyuge trae honor y credibilidad a la conversación. Reconoce el valor de la otra persona. Si dejamos de hablar o escuchar, estamos muertos en el agua. El silencio en un matrimonio no es oro. Es ambiguo. Cuando el silencio cae, no sé lo que significa, o me temo que sé lo que significa. Sin una comunicación clara, nuestra mayor aventura puede convertirse en un terrible viaje.

Mi amigo Dick Dobbins, un psicólogo, dice esto sobre el matrimonio: "¡Si es bueno, es increíble. Si es malo, es increíble!". El matrimonio tiene la capacidad de ser lo mejor o lo peor que nos puede pasar. Cuando la comunicación falla, lo último está garantizado.

Hace años hice una boda para un joven amigo. Seis meses después de la boda, vino a hablar conmigo.

"¿Cómo te va?", pregunté.

"No tan bien."

"¿Qué pasa?".

"No sé."

"¿Cómo se comunican?".

"No tan bien."

"Si no se están comunicando," dije, reflexionando en mi propia experiencia ", entonces más o menos tienen problemas con el sexo, el dinero, y los suegros".

Él dijo, "¡Bingo, bingo, bingo!".

El sexo, el dinero, y los suegros son los puntos en los que a menudo encontramos nuestra identidad. Ellos son quien soy. Ellos son lo que traigo a la mesa. Cuando se rompe la comunicación, también se rompen las principales expresiones del matrimonio: la sexualidad, las finanzas, y la familia.

A veces los hombres y las mujeres no se comunican bien porque interpretan la vida de manera tan diferente. Es como escuchar un idioma extranjero; tratar de entender el chino cuando fluyes en Swahili. Ambas partes están hablando, pero ciertamente no se entienden entre sí. Es la torre de Babel en nuestra sala de estar.

Por desgracia, no vas a encontrar una versión *Cliffs Notes* sobre cómo amar y comprenderse el uno al otro. Dios te ha dado este increíble regalo de una persona. Depende ti ser lo suficientemente curioso para hacer las preguntas correctas, y luego ser lo suficientemente observador para aprender cómo esa persona necesita ser amada. El matrimonio está destinado a ser un viaje de descubrimiento para toda la vida.

A menudo termino los retiros de matrimonios con un ejercicio específico. Pido a los cónyuges que se tomen las manos y cierren sus ojos. Entonces inicio mi oración con esta instrucción: "Escucha lo que digo. La persona cuya mano tomaste es un original de la tierra del Espíritu Santo. Ellos son un regalo para que sostengas en depósito, por lo que trátalos con gracia, con bondad, con misericordia y con respeto, ya que solo tienes una oportunidad en este acuerdo".

Dios ama el matrimonio. Él lo diseñó. Él lo ordenó. Jesús refleja el Torá cuando dice de esta manera:

> Pero al principio de la creación Dios 'los hizo hombre y mujer'. 'Por eso dejará el hombre a su padre y a su madre, y se unirá a su esposa, y los dos llegarán a ser un solo cuerpo'. Así que ya no son dos, sino uno solo. Por tanto, lo que Dios ha unido, que no lo separe el hombre.[1]

No se sabía de ningún hombre en la cultura de Oriente Medio que abandonara a sus padres. Lo que sea que se sugiere aquí es un gran problema. A lo mínimo que cada uno de nosotros dé el 100 por ciento, por lo que se afianza la parte de la separación. Esto es trabajo serio, y garantiza la recompensa seria.

Pon primero las necesidades, los deseos, las esperanzas y los sueños de tu cónyuge. Cualquier cosa y todo lo que haces con y para los demás se acumula en una cuenta común que paga enormes dividendos.

Cuando lo pensamos, esa intención es un acto de consagración; algo que pones aparte. La palabra que usa la Escritura es *santa*. No es una piedad cargada ni embrutecida. No es una "existencia" entre corchetes ni a fuerza de derechos. Sino una inversión a ojos abiertos en la relación humana más única que disfrutarás jamás.

Tus mejores aventuras aún están por venir.

 ## La historia de Mark

Cuando me casé con mi esposa Lora, me saqué la lotería. Ella es una gran esposa, una tremenda mamá y mi mejor amiga. Ella es hermosa por dentro y por fuera. Y yo le gusto. Eso ayuda muchísimo cuando se está casado. Durante las dos décadas que llevamos casados, hemos aprendido una que otra cosa acerca de las relaciones. Hemos aprendido cómo jugar con nuestras fortalezas y compensar por las debilidades de cada uno. Hemos descubierto que tener aventura juntos nos mantiene conectados. Y hemos encontrado que no importa qué, enfocarnos primero en la otra persona es la clave para tener un gran matrimonio.

Esas lecciones no han venido fácil. Me gusta decir que he estado felizmente casado por veinte años, pero recientemente celebramos nuestro vigésimo segundo aniversario. Puedes hacer el cálculo. Esos primeros dos años fueron difíciles. Éramos bastante inmaduros cuando se trataba de saber cómo amarnos el uno al otro. Sobre todo porque no estábamos enfocados en amar al otro primero. Llegamos a nuestro matrimonio enfocándonos en cómo queríamos ser amados. Aquellos de ustedes que están casados, saben que a los matrimonios en que los cónyuges se enfocan en ellos mismos no les va bien.

En el libro de Tim Keller, *El significado del matrimonio*, él enfatiza que la clave del matrimonio es enfocarse en satisfacer las necesidades de la otra persona.

Si somos realmente honestos, nuestra meta no declarada al casarnos es conseguir satisfacer nuestras necesidades. El problema es que cuando comenzamos a enfocarnos en satisfacer nuestras propias necesidades, es una receta para la desilusión, el desánimo y el desastre.

Déjame decirte lo que cada uno de nosotros necesita en nuestro matrimonio. Cada uno de nosotros necesita una revolución copernicana. En el siglo XVI, un astrónomo con el nombre de Nicolás Copérnico hizo un descubrimiento revolucionario. Hasta ese momento, la mayoría de la personas asumían que el Sol giraba alrededor de la Tierra. Pero el punto de vista de Copérnico era heliocéntrico; él creía que, en realidad, la Tierra giraba alrededor del Sol. Y él tenía razón. Al igual que Copérnico, nosotros necesitamos una revolución a gran escala; necesitamos convencernos de que el mundo no gira alrededor de nosotros. El matrimonio se trata de dar en vez de recibir. Y esa es la diferencia entre lujuria y amor. La lujuria se enfoca en conseguir lo que quiere. El amor se enfoca en dar lo que tiene. Si encontramos verdadero gozo en amar a esa persona de la manera que necesita ser amada, nos estamos preparando para una maravillosa travesía.

La meta del matrimonio no es la felicidad, es la santidad. Ese pensamiento no es original para mí, pero lo he experimentado de primera mano. No hay un mecanismo mediante el cual Dios pueda santificar más a una persona, que haciéndola vivir muy cerca de otra persona imperfecta. Cuando entro en una depresión emocional, nueve de cada diez veces son porque me concentro en algo con lo que no me siento feliz, y necesito alejar mi vista de eso, y reenforcarme en algo de lo que estoy agradecido. En el mismo sentido, cuando entro en una depresión relacional, nueve de cada diez veces son porque me concentré en satisfacer mis necesidades, y necesito alejarme de eso, y re-enforcame en satisfacer las necesidades de la otra persona. Si la meta del matrimonio fuera solamente ser felices todo el tiempo, y no un proceso de Dios para santificarnos, entonces nos meteríamos en problemas. No terminamos santificados ni felices. Generalmente, terminamos insatisfechos y desesperados.

Nuestro problema fundamental es que somos egoístas. El matrimonio es el medio por el cual Dios erradica nuestro egoísmo, porque ya no se trata más de "mí" sino de "nosotros". Por supuesto, algunos de nosotros necesitamos un poco más de erradicación que otros. ¡Así que Dios nos da hijos! Y por lo general, toma más de un niño para hacer el trabajo. El matrimonio está destinado a ser un proyecto conjunto. Y con eso, no me refiero a una propuesta de 50-50. Esto es un 100-100. Cuando sabes que alguien está en tu esquina hasta que la muerte los separe, eso te da el valor para ir otra ronda. Somos nosotros contra el mundo.

A principio de nuestro matrimonio, Lora y yo comenzamos a descubrir las cosas en que cada uno de nosotros era bueno y no era bueno. Cuando nos casamos, ella estaba a cargo de nuestra chequera y llevaba nuestras finanzas. Entonces decidí que debía intentarlo. Honestamente, ¿cuán difícil podía ser? Todo lo que haces es tomar el estado mensual del banco y reconciliar el total. No me di cuenta de que era un poco más complicado que eso. ¡El experimento duró por un mes completo! Lora es, sin duda, la mejor reconciliadora de la chequera en la familia. Me someto a su talento para mantener la chequera. Yo, por el otro lado, manejo la mayoría de nuestras inversiones. Yo me destaco en el panorama completo, lo general, y ella se destaca en los detalles. Ella confía en mí para manejar las inversiones en general, y yo confío en ella para manejar nuestro flujo de efectivo mensual. Un buen matrimonio es como aprender a bailar tango sin pisar los pies del otro. Hay un dar y tomar, honrar y someterse, que da belleza al baile. Vivimos en una cultura donde la palabra sumisión ha caído en desuso, probablemente por la mala práctica. Pero si se hace bien, le da fuerza al matrimonio. Sumisión no significa rendirse o ceder. Simplemente, significa ceder el derecho de paso. Sumisión es el arte de compensar por tus debilidades usando las fortalezas del otro.

Cuando oficio bodas, ofrezco un simple consejo: nunca olviden por qué se enamoraron en un principio. No solo necesitamos recordarlo; necesitamos compartirlo. Y necesitamos hacerlo, ambos de forma pública y privada. Atesorar es amar más allá, ocuparse más allá, compartir más allá y dar más allá el uno al otro. Esto revoluciona la manera en que vemos la vida. Santifica nuestra naturaleza egoísta. Abre nuestros ojos a lo que el verdadero amor realmente es, y cuando lo entendemos, nos embarcamos en la aventura de toda una vida.

La felicidad es un resultado de la santidad.

11

Jugar en Serio

La historia de Dick

Ciento cincuenta mil de cualquier cosa es un número grande. Cuando ese es el número de hombres yendo a una batalla, es asombroso. En una tempestuosa mañana gris en junio de 1944, esos muchos jóvenes se lanzaron en cincuenta millas de playa al norte de Francia. Algunos de ellos, paracaidistas, habían caído del cielo durante la noche y ya estaban dispersados entre los setos. Los chicos que aterrizaron allí, muchos de ellos adolescentes, sintieron una emoción: puro terror. Más de 2.000 de ellos nunca verían el amanecer. La liberación de Europa de las garras de la Alemania nazi se compraría a un precio alto. En junio de 2012, el tiempo en *Utah Beach* en Normandía no era muy diferente. El viento azotaba las olas como espuma según las gaviotas chillaban y se zambullían. El Sol estaba perdido detrás de las negras nubes. Una ligera llovizna humedeció nuestras sudaderas. Pero la emoción que sentí de pie en aquella arena sagrada fue totalmente diferente. Gratitud. Gratitud por el sacrificio que compró la libertad para millones. Y gratitud por el joven parado junto a mí: mi nieto, Sam.

Ser abuelo me hace sentir inmortal. Logro estar más allá de la próxima generación. Mientras escribo, Ruth y yo tenemos once nietos entre las edades de cinco y veintitres. Somos el eco de todos los abuelos del mundo cuando pensamos que nuestros nietos son brillantes, divertidos, atractivos y únicos. La mayoría de nuestros nietos viven en otros estados, y somos intencionales en cuanto a pasar tiempo con ellos. Verlos crecer y sobresalir es una gran alegría. Verlos hacer correr a sus padres hasta el cansancio es retribución cósmica.

Mi sentido de familia viene en gran parte por Ruth. Para ella, no hay mayor ímpetu para vivir, aparte de conocer a Jesús, que la familia. A menudo ha dicho: "Todo lo que siempre quise ser es una madre y una abuela". Ella ha dominado ambas.

En sus primeros años creció viviendo en la esquina de los padres de su madre en una finca justo al norte de Modesto, California. Cuando sus padres se mudaron a Portland, después de su primer grado, se aseguraron de mantener firmes los lazos familiares. Cada verano ella y sus dos hermanos, John y Phil, regresaban a la finca a quedarse con Abuela y Abuelo Presnell. Esos meses, meses del cielo, moldearon su alma. Jugar en los huertos con primos. Hornear con abuela. Alimentar pollitos con abuelo. El verano en la finca fue el modelo de Ruth de lo que se trata ser abuelos.

En nuestros primeros años como abuelos, Ruth y yo nos propusimos dos metas: marcar la trayectoria grande y tomar la trayectoria pequeña. Ella marcó la trayectoria grande manteniendo un diario para cada nieto. Durante los pasados veintidos años ella ha estado con cada uno de ellos, ha escrito notas sobre lo que han hablado, lo que hicieron, a dónde fueron, y qué juegos jugaron. Eso es un tesoro y un testamento.

Cuando Alyson, nuestra nieta mayor, se graduó de escuela secundaria, se le presentó el "Diario de Abuela", un libro ilustrado de Aly en diferentes edades con dibujos de sus años prescolares y elementales, con notas que Ruth había escrito sobre ella durante los pasados dieciocho años. Nuestra segunda nieta, Claire, recibió el de ella en el verano del 2013. Lo llevó con ella a su fiesta de graduación para que todos sus amigos lo vieran. La pequeña trayectoria era, literalmente, una trayectoria. Decidimos que si teníamos la capacidad física y económica, llevaríamos a cada nieto en un viaje cuando llegaran a la edad de trece, como un rito de iniciación, como Mark ha hecho con sus hijos. El verano que Alyson cumplió los trece, fui invitado a hablar a una conferencia en España. Ella vino on nosotros. Cuando Claire cumplió trece, vino con nosotros a Escocia y a Inglaterra. Su hermano, nuestro tercer nieto, Sam, es un entusiasta de la Segunda Guerra Mundial. Cuando tenía doce años, él y su papá, Van, empezaron a investigar la Segunda Guerra Mundial en Europa. Normandía fue una metáfora para la guerra completa. A los trece, él estaba listo.

Sam, Van y yo volamos a Londres desde Portland, Oregon, el 9 de junio, y pasamos un día viendo la ciudad con especial atención a los Salones de Guerra de Churchill. Recibiendo las imágenes y sonidos de la ciudad desde un bote en el río Támesis, nos bajamos para explorar y terminar cerca de *Lincoln's Inn Fields*. Cientos de personas estaban arremolinándose allí en el Sol de una tarde de sábado.

Un grupo de iglesia tenía un festival en la plaza. Oyendo la banda y mirando a las personas brillantemente ataviadas repartiendo literatura, nuestra atención cambió al sonido de campanas. Campanas de bicicleta. Cuando miramos atrás, ciclistas sin camisas viraban en la esquina. Según desfilaban, notamos que tampoco usaban pantalones. Cientos de ciclistas desnudos desfilaron frente a nosotros. Estábamos frente al famoso *London's World Wide Naked Bike Ride* (Ciclismo Mundial al Desnudo de Londres). Van y yo decíamos algo así como: "¡Sam, ojos en la banda de alabanza!". La alternativa no era bonita.

Temprano en la mañana abordamos un tren hacia *Southampton*, un punto de inicio del Día D. Abordamos un bote a través del Canal Inglés, y nos acercamos a la costa de Normandía cuando el amanecer iluminaba el cielo oriental. No pude ni acercarme a imaginar los sentimientos de un joven de dieciocho años en una lancha de desembarco Higgins batiéndose por cinco millas en aguas turbulentas aquella mañana de junio de 1944, cuando se alteró el mundo.

Nuestros alojamientos estaban a seis millas de la playa en *Chateau de Vouilly*, donde un grupo de periodistas de los Estados Unidos había permanecido durante tres meses después de los desembarcos en Normandía. Vivían en casas de campaña sobre el césped. Según las tropas Aliadas luchaban contra los traicioneros setos franceses, Ernie Pyle, Andy Rooney, y Walter Cronkite registraban la historia en maltratadas maquinillas en las mismas mesas donde nos sentábamos a desayunar chocolate caliente y *baguettes*.

Sam estaba tan enamorado de la cocina francesa como de las ricas secciones de historia. Cada comida requería tomarle una foto reverencial, desde los *croissants* mantequillosos en Normandía hasta las crepas de *Nutella* de las calles en París. Van y yo hicimos una crónica a base de los sitios históricos visitados, y Sam hizo una crónica de nuestro viaje a base de los grandes platos que comimos. Fue un viaje fantástico en todos los ángulos. Nos fuimos a casa con un tesoro de recuerdos y barrigas llenas a reventar.

Sam absorbió cada día hasta por sus poros. Rellenando nuestras caras con *croissants*, corriendo para un bote en el Támesis, y sudando subiendo las escaleras de hierro de la Torre Eiffel creó un kaleidoscopio de memorias. Y supongo que ayudó a este abuelo a ser niño una vez más.

El Salmo 127:3 dice: *"Los hijos son un regalo del Señor; son una recompensa de su parte"* (NTV). Ruth y yo sabemos que esto es verdad en cientos de diferentes maneras. Cada momento que pasamos con nuestros hijos y nietos se nos devuelven apretados, remecidos, y vertidos en nuestro regazo.

El apóstol Pablo lo eleva más allá cuando le dice a su hijo espiritual, Timoteo: *"Traigo a la memoria tu fe sincera, la cual animó primero a tu abuela Loida y a tu madre Eunice, y ahora te anima a ti. De eso estoy convencido".*[1]

Esta Navidad pasada, Sam me dio mi propio memorial ilustrado de nuestro viaje, uno de esos libros *Shutterfly* de tapa dura. Es lo que sus hermanas han hecho después de sus viajes. El libro de Sam estaba lleno de fotos de lugares, personas y comida de nuestra aventura en Normandía, menos los infames ciclistas. Inscrito en la tapa posterior dice:

> *Un viaje de toda una vida. Esta es la experiencia más grande de mi vida entera. Soy tan feliz de que pude hacerlo con mi abuelo y mi papá. Estos serían los tipos con quienes viajaría el mundo. Gracias, abuelo, por llevarnos, y por tan maravillosa aventura. Te amo lo más, Samuel.*

Leí esas palabras y apenas pude soportarlo. Me sonreí en una mueca y me compuse al mismo tiempo. Después de setenta y dos vueltas alrededor del Sol, ese párrafo fue una dulce, inesperada, encantadora retribución.

 ## La historia de Mark

Cuando juegas canicas en tu niñez, puedes jugar por diversión o puedes jugar en serio. Cuando tus hijos son pequeños, la paternidad es como jugar por diversión porque los niños pequeños son muy olvidadizos, muy perdonadores. No van ni a recordar los errores que cometiste. Honestamente, creo que Dios nos creó intencionalmente de forma tal, que no recordemos los primeros años de vida. Ese es uno de Sus grandes actos de gracia, porque ¿quién quisiera recordar cuando le cambiaban el pañal?

Por cierto, la palabra pañal en inglés es *diaper*, que deletreada al revés es *repaid (repagado)*, que en español significa reembolso. Solo digo...

Una vez tus hijos crecen, la paternidad es como jugar en serio. Los riesgos aumentan. Te das cuenta de que tus palabras pueden cargar el peso del mundo. Ahora, para quitarte un poco de presión de encima, déjame compartirte algo que Lora me dijo en una de nuestras citas de tomar café los lunes. Ella dijo: "Tú piensas que nuestros hijos van a seguir a Jesús gracias a nosotros. Yo pienso que nuestros hijos van a seguir a Jesús a pesar de nosotros." Una vez más, pienso que Lora está en lo correcto. Aquella sola revelación me quitó tanta presión de encima. Al mismo tiempo, creo que la forma en que amamos a nuestros hijos puede ayudarles a formar su identidad. En quién ellos se conviertan es un reflejo del tiempo y la energía que tú has depositado en ellos. A medida que ellos se acercan a la adolescencia, tú comienzas a hacer el conteo regresivo de los años que les quedan bajo tu techo. Entiendes que tu tiempo juntos es precioso. Es nuestro trabajo hacer que cada momento cuente.

Mi amigo Reggie Joiner en realidad anima a los padres a comprar un envase grande de cristal y llenarlo con 936 canicas. Eso es 1 canica por 52 semanas por 18 años. Es una especie de reloj con conteo regresivo. Cada semana, los padres sacan una canica como un recordatorio de que ellos están jugando en serio (que, por cierto, es el título del libro que escribió sobre el tema). Es un recordatorio saludable del viejo dicho: los días son largos, pero los años son cortos.

Lora y yo habíamos estado casados tres años cuando nuestro primer hijo, Parker, nació. Nos casamos jóvenes y comenzamos nuestra familia jóvenes. Eso significa que teníamos muchísima energía, pero en cambio no teníamos mucha sabiduría. No puedo recontar el número de veces que tuve una sesión de consejería de crisis con Foth sobre el tema del matrimonio o la paternidad. Él me recordó, más de una vez, una simple verdad bíblica: esto también pasará. A veces lo más espiritual que puedes hacer es quedarte ahí. Entonces quedarte ahí un poco más de tiempo. Para el récord, uno de los trucos que entendí de Foth es que nunca me pregunta primero por mí. Él siempre dice: "¿Cómo están Loran y los niños?". Él sabe que cómo ellos estén va a ser un buen indicador de cómo yo estoy.

Realmente, no teníamos idea de cómo nos iba como padres, pero decidimos tener unos cuantos niños más para tener mayor diversión. Summer y Josiah completaron nuestra familia, y no nos arrepentimos. Con tres niños, tu energía se divide en tres, pero tu alegría se multiplica por tres. Nuestros primeros años como padres fueron como un caos controlado. Nos sentíamos bendecidos y estresados por igual, amando la oportunidad de ser padres de estos tres niños únicos.

Cuando Parker comenzó a acercarse a la adolescencia, la urgencia que Lora y yo sentimos acerca de ser sus padres intencionalmente, se multiplicó. Comenzamos a entender que estábamos jugando en serio, y que nuestro mayor legado no sería la iglesia que pastoreábamos ni los libros que yo escribía. Nuestro mayor legado serán nuestros tres hijos: Parker, Summer y Josiah.

Cuando nuestros hijos cumplían sus trece años, teníamos una cena con algunos pastores de larga trayectoria en DC. John y Susan Yates, pastores de *The Falls Church*, nos compartieron cómo trataban de invertir en sus nietos. John dijo que tener nietos era un gran momento de revelación de que la vida realmente se trata del legado que tú dejas en tus hijos y nietos. Cada año, John y Susan celebran un campamento de primos para sus veintiún nietos, en su casa de campo o granja. Una semana creando recuerdos y edificando relaciones. Yo quiero criar a mis hijos con la misma clase de creatividad e intencionalidad. Y solo para que conste, una de la formas en que Dios redime los errores que cometemos los padres es dándonos una nueva oportunidad llamada ser abuelos. Como mentor, Dick me ha aconsejado como padre, compartiendo algunos de sus más profundos arrepentimientos, pero también veo cómo los ha canalizado en un deseo renovado de ser un abuelo mejor que el padre que fue.

Antes de que Parker cumpliera los doce años, yo sabía que quería hacer un pacto de discipulado de un año para prepararlo en lo que era convertirse en adolescente. Para prepararme leí unos cuantos libros, incluyendo *Raising a Modern-Day Knight* de Robert Lewis (Criando un caballero del tiempo moderno), el cual fue de gran ayuda. Le pregunté a diferentes padres qué habían hecho con sus hijos para conmemorar esta importante temporada en la vida. Entonces salté. Pasé varios meses creando un pacto de discipulado. Tenía un componente intelectual, uno espiritual y uno físico. El componente intelectual era que leeríamos un libro al mes. Esos libros iban desde ficción a no ficción, incluyendo *Una vida con propósito* de Rick Warren, y uno o dos de los libros de los que yo he escrito. Quería inculcarle el amor a la lectura, y Parker es ahora un lector voraz. Él lee mucho más allá de su nivel de grado, y me gustaría tomar un poco de crédito por eso. También pienso que su hábito de lectura le ha ayudado en su habilidad para escribir – Parker es coautor conmigo de tres libros para adolescentes.[2]

La segunda pieza era el pacto físico. Entrenamos y completamos juntos un triatlón, que fue diversión maravillosa. Fue genial ir juntos hacia una meta.

La dimensión espiritual era multifacética. Hicimos una serie de cosas diferentes, incluyendo lectura a través del Nuevo Testamento y ayuno de televisión para la Cuaresma. Se nos ocurrió su lista de metas de vida y la incluimos en el pacto también. Firmamos el pacto el día de su cumpleaños décimo segundo, y entonces en su décimo tercer cumpleaños, nos fuimos de excursión al Gran Cañón y caminamos de borde a borde como un rito de iniciación. Queríamos hacer algo juntos que fuese muy desafiante. Esa inversión pagará dividendos hasta el día que yo muera, pero seguirá pagando dividendos mucho después de eso. Las memorias que forjamos durante ese año fueron inolvidables. También creo que es una bendición multigeneracional que pasará a la tercera y cuarta generación.

En una etapa formativa de su vida, Parker recibió lo mejor que yo tenía para ofrecer. Me gustaría poder decir lo mismo de todos mis hijos todo el tiempo. Pero yo sabía que tenía que aprovechar esa ventana de oportunidad para invertir en su vida.

La inversión que hice en Parker es probablemente una de las cosas más significativas que he hecho – mucho más importante que escribir un libro o pastorear una iglesia. Este año voy a hacerlo todo nuevamente con Josiah. Se ve diferente porque Josiah es diferente. Se adapta a sus talentos y pasiones únicos.

A veces se nos da una revelación de lo que es realmente importante en la vida. Para mí, uno de esos momentos ocurrió mientras estaba en un aeropuerto durante una temporada de vida muy ocupada. Estaba hablando en tantas conferencias que me daba trabajo mantener la noción del horario de zona en el que estaba. Aquellas oportunidades de hablar eran el resultado de la bendición de Dios; una iglesia que estaba creciendo y libros que estaban impactando las vidas de las personas. Pero la bendición se puede convertir fácilmente en maldición si no la manejas correctamente. Después de todo, éxito mal manejado es la causa principal del fracaso. Mientras corría hacia la puerta de embarque, fue como si un interruptor se encendiera en mi alma. Entendí que mis logros profesionales no tenían sentido si tenía que sacrificar a mi familia en el altar del éxito.

Tenía que luchar a brazo partido con las respuestas a algunas preguntas de conciencia.¿Estaba dándoles mis momentos más importantes y lo mejor de mí a aquellos que más amaba? ¿O estaba invirtiendo la mayor parte de mi tiempo en relaciones que no durarían más allá del lanzamiento de mi próximo libro? Era un tema de administración. Sin mi familia, ninguno de estos logros tiene significado. Fue entonces que un simple dicho se convirtió en un mantra con sentido: Quiero ser famoso en mi hogar. También se me ocurrió una definición de éxito: éxito es cuando aquellos que mejor te conocen, son los que más te respetan.

Queremos mirar hacia atrás hacia estos años con Parker, Summer y Josiah, y verlos como años donde dimos lo mejor de nosotros a aquellos que más amamos. Puede que no seamos perfectos como padres, pero queremos estar presentes. Queremos saber que fuimos buenos administradores de los regalos más grandes que Dios nos entregó: nuestros hijos. Tal vez no seas el padre que quieres ser, pero hoy puede ser el día en que entiendas que tus hijos son tu legado.

Puedes comenzar amándolos con propósito e intencionalidad. Puedes ser famoso en tu propio hogar. Y es lo que más importa. Tú puedes determinar la riqueza de tu vida por cuánto tú inviertes en aquellos que amas. Y no importa lo que hagas, no esperes un minuto más para jugar en serio.

No sacrifiques tu familia en el altar del éxito.

12

Nunca un Momento Aburrido

 La historia de Dick

¿Es amar a Dios únicamente un viaje introspectivo? ¿Es solo para místicos? Mi amiga Anna, que pasó tres tiempos de vida en una tierra llena con místicos, probablemente diría: "¡No!".

Rupaidiha, al norte de la India, no es nada como Dayton, Ohio. Anna Tomaseck, una enfermera de Dayton, navegó a la India en el 1924 en respuesta a un llamado hecho por una mujer mayor, para rescatar a los niños huérfanos y abandonados en la frontera de Nepal. A los veinticuatro años, tenía toda su vida por delante. El movimiento significaba dejar todo lo que conocía, y romper su compromiso con un joven estudiante de medicina, sabiendo que nunca podría casarse.

No era un mundo de mujeres. Las mujeres solo habían tenido el voto en los Estados Unidos desde 1920. Las mujeres en la India tenían muchos menos derechos que ese. Hacer lo que hizo en ese tiempo fue más que audaz. Algunos pensaban que era tonta. Otros pensaban que no iba a durar. Pero ella había llegado para quedarse. Anna había desechado una vida segura como su manera de "amar a Dios con todo su corazón". Un reto de aquella anciana misionera fue el guante arrojado. Su mundo se había vuelto al revés.

Cuando Ruth y yo conocimos a Anna, conocida entonces como Mama Ji ("madre respetada"), en una reunión en Bangalore, India a principios de los setentas, nos hicimos amigos. Teníamos la conexión de India, la conexión de aventura, y me encantaba oír sus historias. Cuando me convertí en presidente de *Bethany College*, sabía que nuestros estudiantes necesitaban conocerla. ¿Una mujer de ochenta y tantos apasionada, atractiva e inspiradora? ¡Claro que tenían que conocerla!

No necesitábamos conferencias de Mama Ji. Necesitábamos conversaciones con ella. Nuestros estudiantes, jóvenes y en la cúspide del mundo real, iban a ver y a oír de primera mano una vida vertida en el amor a Jesús. Nos regaló con historias de misiones y de milagros: el momento, durante una noche sin dormir alimentando bebés, cuando el Espíritu la levantó justo a tiempo para salvar a un bebé de una rata que se había trepado a la cuna. La vez que sus perros falderos la salvaron cuando una cobra rey enroscada en la reja del balcón la atacó y no la alcanzó porque ellos la halaron por el ruedo del vestido. Y contó historias de niño tras niño no deseado, respondiendo al amor de Jesús visto en una mujer blanca. Ellos llegaron a amarle a Él.

La mañana final de su tiempo con nosotros, le pregunté: "¿Cuál sería un incidente que usted vería como una metáfora para todas esas décadas en India?". Ella contó lo siguiente:

Una mañana temprano Anna oyó unos golpes en la puerta de su hogar, donde ella y una compañera de trabajo cuidaban a veintitres niños. Ella abrió la puerta para ver a un hombre con un bulto en sus brazos. El bulto era una recién nacida. Sin un sistema de alcantarillado en la aldea, el hombre había ido temprano al estercolero de la aldea para aliviarse, cuando vio moverse algo debajo de las hojas en la base de un árbol. Cuando quitó las hojas, encontró una niña recién nacida con el cordón umbilical y la placenta adheridos todavía. En aquel tiempo en esa cultura, las bebés niñas eran desechables. Les había nacido a algunos viajeros que pasaban por el área y la habían tirado a morir. El hombre se la trajo a Anna porque sabía que ella la cuidaría. Mama Ji, la madre respetada, y su compañera de trabajo, hicieron precisamente eso.

La criaron hasta la edad de siete años cuando fue adoptada por una familia rica en Nueva Delhi. Durante los próximos veinte años, oyeron de ella ocasionalmente. Un día llegó una carta de ella con un retrato. La carta provenía de Londres, Inglaterra, y contaba esta historia.

Los padres descubrieron que su hija adoptiva tenía un don para la música, así que le dieron clases de piano. A sus dieciséis años era tan competente en el piano, que sus padres la enviaron al *London Conservatory of Music*. El retrato en el sobre era de esa niña, ahora de veintisiete años, sentada junto a la familia real después de un concierto que había ofrecido en *Buckingham Palace*. Es un largo camino de un estercolero en una remota aldea en India, a té de alcurnia en *Buckingham Palace*. Y es un camino largo de un compromiso nupcial roto en Dayton, Ohio, a criar cuatrocientos niños para Dios en la frontera de Nepal.

Amar a Dios no es solo para contemplativos. Amar a Dios es rendir tu vida en servicio al Creador para que Él te la devuelva.

Cuando decidimos que nuestras vidas se tratan de esa clase de amor, empieza el viaje. Eso cambia nuestra trayectoria. Eso nos ayuda a ver la basura de otro como el tesoro de Dios. Eso puede enviarnos al otro lado de la calle o al otro lado de la tierra.

La vida de Anna no era fácil y su amor por Jesús no era una añadidura. Los espacios eran largos y fuertes a medida que ella derramaba su corazón en niños que otras personas habían descartado. Hubo decepciones que la dejaron abatida y enfermedades que la dejaron débil. Hubo días de poco alimento para los niños, y noches de vigilias de oración ante las camas de bebés enfermos. Ella respondió al llamado de Jesús, e invirtió cincuenta y dos años de su vida en un lugar con un nombre que ella nunca antes había oído hasta que cumplió veinticuatro años. Ella había venido cara a cara con las palabras de Jesús:

> *Pues tuve hambre, y me alimentaron. Tuve sed, y me dieron de beber. Fui extranjero, y me invitaron a su hogar. Estuve desnudo, y me dieron ropa. Estuve enfermo, y me cuidaron. Estuve en prisión, y me visitaron cuando hicieron alguna de estas cosas al más insignificante de estos, mis hermanos, ¡me lo hicieron a mí!.*[1]

¿Cómo amamos a Dios? Una manera es amar a los descartados por el mundo como hizo Anna. Los discapacitados y los desconectados. Los delicados de salud y los deprivados de sus derechos. Los desplazados y los desalojados. Aquellos que están categóricamente o específicamente "de…".

Esa noche en Bangalore cuando conocimos a Anna en un seminario al sur de India, respondió al llamado otra vez. Estaba sentada hacia la parte de atrás de la capilla cuando el orador al cierre de su mensaje la saludó y le dijo: "Anna, si le darías cincuenta y dos años a Jesús y a India otra vez, por favor ven al frente".

Sufriendo las primeras etapas de elefantiasis, una condición causada por parásitos obstruyendo el flujo de fluido linfático en el cuerpo, se movió por el pasillo sobre sus pies hinchados en zapatillas. Según cojeaba con lágrimas bajando por su rostro, la oí murmurar: "¡Lo haría un millón de veces. Lo haría un millón de veces. Lo haría un millón de veces!".

Seguir a Jesús es una aventura épica. Nos vira al revés. Traza senderos. Produce milagros. Redime y restaura. Cuesta todo. Da la mayor recompensa. Anna lo supo en Dayton, como enfermera, y en Rupadiah, como Mama Ji. Nosotros no tendremos la trayectoria de Anna, por supuesto. Pero tendremos la nuestra. ¿Y si lo hacemos y tenemos la oportunidad de hacerlo otra vez? ¡Lo haríamos un millón de veces!

 ## La historia de Mark

Cuando tenía cinco años de edad, nuestra familia fue a ver una película de la Asociación Evangelística Billy Graham llamada *The Hiding Place*. La trama de la película cambió la trama de mi vida. Corrie ten Boom y su familia fueron enviados a un campo de concentración por esconder a sus amigos judíos en su casa, durante la ocupación de los Nazi en Holanda. Después de perder a su papá y a su hermana en el campo, Corrie fue puesta en libertad por un error clerical. Corrie se fue a cambiar el mundo y cambiar mi vida, con su mensaje de perdón. No era usual que un niño de cinco años de edad viera esa película porque era una presentación muy gráfica de los campos de concentración. Pero de alguna manera esa película tocó las fibras de mi corazón.

Más tarde esa noche, cuando mi mamá me arropaba en la cama, le pregunté si yo le podía pedir a Jesús que entrara en mi corazón. Oramos juntos, y mi travesía con Jesús comenzó. Durante mi niñez y mis años de secundaria, mi concepto de seguir a Jesús era más acerca de mi agenda para Él que de Su agenda para mí. A lo que yo estuviera haciendo, Él estaba invitado a acompañarme. Yo invité a Jesús a seguirme al salón de clases, a la cancha de baloncesto, y a ayudarme a hacer aquello que yo quería hacer. Pero era más acerca de Dios sirviendo mis propósitos que yo sirviendo los Suyos.

Mi verdadera revolución espiritual ocurrió cuando yo tenía 19 años. No es que yo no fui salvo cuando tenía cinco o que no amara a Dios cuando era un niño. Yo tenía un entendimiento de la cruz y de lo que Cristo había hecho por mí, pero era una espiritualidad egoísta hasta ese momento. El momento decisivo para mí fue cuando comencé a buscar a Dios en la universidad. Me iba al balcón de nuestra capilla, y oraba todos los días durante la hora de almuerzo. Mis oraciones comenzaron a ser menos acerca de decirle a Dios lo que yo quería que hiciera por mí. Comencé a preguntarle qué yo podía hacer para Él. Fue ahí que la verdadera aventura comenzó. Mi vida empezó a cambiar. Mi corazón empezó a cambiar. Y mis deseos empezaron a variar.

La mayoría de las personas se aburren con su fe porque son egoístas. Piensan que están siguiendo a Jesús, pero la realidad es que han invitado a Jesús a seguirles a ellos. Ellas intentan dirigir en vez de aceptar la invitación a seguir. Yo lo llamo el evangelio invertido. Y no es gratificante en lo absoluto. No es hasta que le dices a Dios "lo que sea, cuando sea, donde sea" que comienzas a vivir la aventura que Él ha planificado para ti. ¡Créeme, tú no puedes seguir a Jesús y estar aburrido al mismo tiempo!

Tengo la convicción de que la iglesia debe ser todo menos aburrida. Parte de ese deseo profundo que tengo, es sin duda, una reacción a algunas de las iglesias que mi familia y yo visitamos, mientras yo crecía. Ninguna iglesia es perfecta, y ciertamente quiero que paguen justos por pecadores. Pero algunas iglesias a las que fuimos eran tan legalistas que tú podrías pensar que sonreír era un pecado.¡Y reír era el pecado imperdonable! Era como que fueron diseñados para ser a ser lo más desgraciados posible. Para muchas personas, la iglesia es la hora más monótona de la semana, carente de emoción. Y la tragedia es que las personas equiparan ese sentimiento inexpresivo con seguir a Jesús.

Una de las lecciones que he aprendido de Dick es que los grandes sermones son el resultado de grandes historias, que a su vez son el resultado de grandes vidas. Yo no tenía casi ninguna experiencia de vida cuando comencé a predicar, así que tenía que suplicar, pedir prestado y robar de libros de ilustraciones. Entonces escuchaba a Dick predicar, y te dabas cuenta de que sus sermones no se originaban en un libro muy bien estudiado. Se originaban en una vida muy bien vivida. Sus historias tocaban las emociones más profundas; hacían a las personas llorar y reír en el mismo sermón. Y el elemento de aventura siempre me provocaba una explosión de adrenalina que me hacía querer tirar las redes nuevamente, ¡y seguir a Jesús a dondequiera que Él me llevara!

Nosotros, muy pronto y muy fácilmente, perdemos de vista lo que realmente es importante en la vida. En las palabras de Stephen Covey: "Cualquier cosa menos que un compromiso consciente con lo importante es un compromiso inconsciente con lo que no es importante."[2] Y antes de darnos cuenta, estamos haciendo una concentración mayor en menores y una concentración menor en mayores. Por eso Jesús seguía volviendo al Gran Mandamiento. Él redujo las 613 leyes del Antiguo Testamento a un común denominador: "Ama al Señor tu Dios con todo tu corazón y con toda tu alma y con toda tu mente y con todos tus fuerzas."[3]

Si vamos a ser grandes en algo, seamos grandes en este Gran Mandamiento. Si eso es lo que más importa, entonces debería ser el punto focal de nuestras vidas. He tenido el privilegio de no solo escuchar mensajes acerca del Gran Mandamiento, pero de verlo modelado en la vida de un padre espiritual. Nunca he conocido a alguien que ame más a las personas que Dick Foth, y eso es lo que ocurre cuando tú amas a Jesús sobre todas las cosas.

Yo no creo que Corrie ten Boom planificó su vida como una aventura. Ella simplemente estaba tratando de sobrevivir a una tragedia espantosa. Pero eso no la detuvo de amar a Dios con todo su corazón, alma, mente y fuerzas. Ella dijo: "Nunca sabemos cómo Dios va a contestar nuestras oraciones, pero podemos esperar que Él nos involucrará en Su plan para la contestación. Si somos verdaderos intercesores, debemos estar listos a tomar parte en el trabajo de Dios a favor de las personas por quienes estamos orando."[4] ¡Tú eres el milagro de alguien!

El plan de Corrie ten Boom fue ser una aprendiz en el trabajo de su padre. Ella quería ser una relojera. El plan de Dios para Corrie ten Boom era ser una discípula en el trabajo de su Padre celestial. Él quería que ella fuera una de los que cambian la historia. Ella fue, de ser una prisionera de guerra en un campamento de muerte en Alemania, a ser un faro de perdón y esperanza en una Alemania devastada por la guerra. Ella fue, de vivir los primeros cuarenta y ocho años de su vida en la misma habitación de infancia en la casa de su padre, a viajar el mundo difundiendo el mensaje de luz y vida a millones de personas. Una cosa es segura: Corrie ten Boom pudo haberse sentido asustada, ansiosa, atrevida, valiente, herida, triunfante, débil, poderosa, desesperada y llena de esperanza... pero ella nunca estuvo aburrida

La verdadera grandeza es ser grande en el Gran Mandamiento.

13

El Mundo de las Cinco Pulgadas y Media Entre tus Orejas

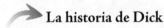 **La historia de Dick**

"Como judío en Budapest, ¿tuvo que usar una de esas estrellas amarillas?".

Esta fue mi pregunta al anciano caballero que se nos unió para almuerzo la tarde del domingo en Queens, Nueva York. Se había criado en Budapest, Hungría, en las décadas de los treinta y los cuarenta. Cuando los nazis ocuparon la ciudad en el 1944, él era adolescente. Después de un tiempo, lo enviaron a un campamento de trabajo forzoso. Escapó dos veces y fue recapturado. Finalmente lo enviaron a *Auschwitz*, el lugar que se ha convertido en una metáfora para la atrocidad demoniaca. Por tenacidad y algunos milagros, vivió y fue liberado por los Aliados en el 1945.

Después de escuchar su historia, le pregunté si tuvo que usar una de aquellas estrellas amarillas. Me hizo una mueca y dijo: "Oh no, nunca fui lo bastante bueno para conseguir una estrella". Me reí con vacilación ante su humor negro. Sus próximas palabras me sacudieron. Serio con una frialdad de piedra, dijo: "Yo decidí que si alguien iba a salir vivo de esos campamentos iba a ser yo". Yo no estaba hablando con un sobreviviente. Yo estaba hablando con un vencedor.

Cuando la Escritura dice: "*Como piensa un hombre, así es él,*"[1] es una cruda verdad. Cómo enfocamos la vida y reaccionamos a sus caprichos determina la magnitud de nuestro carácter. Cómo amamos está encerrado en cómo pensamos sobre eso. Lo que nos enoja es provocado por cómo pensamos. Es entre nuestras orejas que decidimos cuán fácilmente ofendidos estaremos. Cuando se trata de palabras duras de otros, si mi piel absorbe como el algodón o cambia como el teflón es una decisión que yo hago. Todo eso ocurre en un órgano de cinco y media pulgadas de diámetro llamado mi cerebro. En un sentido muy real, mi mundo empieza y termina entre mis orejas. Yo no tengo que tener muerte cerebral para tener derrota cerebral.

En el 1997, Roberto Benigni dirigió y protagonizó en *Life Is Beautiful*, que ganó tres Oscares. Es una historia que te deja sin respiración, de un relojero judío pobre que se casa con su amor italiano y tienen un niño. Cuando el niño tiene cinco años, los nazis vienen a la aldea, y el padre y el hijo son enviados a un campo de concentración. Para salvar a su hijo, el padre convierte el horrible viaje en un juego. El juego hace justo eso. Lo salva. Y todo empezó con la decisión de un padre.

Si desde el principio decidimos que la vida no está solo supuesta a ser sobrevivida, experimentaremos aventura en cada giro; en cada persona que conozcamos, cada relación que tengamos, cada libro que leamos. Si creemos que la vida es una aventura, la vida es una aventura. Si creemos que podemos superar grandes pruebas, podremos con más frecuencia superar grandes pruebas. Si creemos que tendremos alegría cada día de nuestras vidas, tendremos alegría.

Este no es un nuevo pensamiento. Ciertamente no es un pensamiento original. Es una verdad eterna que suplica movimiento y meditación. Merece ser atesorado en lo profundo del corazón. Mark y yo hemos reflexionado mucho en esta idea. Volando a casa de una conferencia en el 1992, miré a Hugh Downs en un pedazo de *20/20*. Estaba entrevistando personas de uno de los sub-grupos poblacionales de más rápido crecimiento en los Estados Unidos: personas que habían vivido más de cien años. En aquel tiempo había 36,000 centenarios en este país. Se había hecho un estudio qué, si algo, tenían en común[2] estas personas envejecientes, pero vitales. Los investigadores encontraron cuatro cualidades: (1) optimismo, (2) compromiso, (3) movilidad, y (4) la habilidad de adaptarse a la pérdida. Este cuarteto de prácticas formaron la manera en que ellos vivían sus días.

Dos entrevistas se destacaron para mí en particular. La primera fue con un ávido caballero feligrés de iglesia afro-americano de Georgia llamado Jesse Champion. "Jesse resistió años como aparcero, una labor rompe-espaldas. Su padre era un esclavo. Jesse mismo puede recordar la crueldad de los hombres que lo trataban, cuando joven, como si fuera un esclavo", Hugh Downs comentó. "El Señor me deje vivir para verlos muertos a todos. Todos los que me trataron mal. Yo los sobreviví. ¡Sí lo hice!", Jesse observó. Hugh Downs terminó la entrevista con una pregunta: "¿Usted es nacido de nuevo?". "Sí, yo sé que soy nacido de nuevo… Él cambió mi corazón", Champion afirmó.

La entrevista más conmovedora fue con Mary Elliott, una mujer de 102 años cuya hija de 77, Josephine, había muerto la noche anterior de un ataque al corazón. Le preguntaron si deseaba posponer el tiempo con Hugh Downs, y escogió proceder como tributo a su hija. Le dijo a Hugh que una de sus memorias más sentidas de Josephine fue un momento cuando la acostó en su cuna cuando era pequeña. Josephine puso su cabeza en la almohada y dijo: "Ahora, querido Dios, vamos a dormir". La señora Elliott explicó que se le había pedido que le devolviera a Dios el regalo que Él le había dado, de la manera tan tranquila y hermosa como su niña pequeña había orado esa oración de seis palabras. Así fue como ella decidió manejar su pérdida. Fue en las cinco pulgadas y media entre sus orejas que Mary absorbió el dolor y tomó una decisión.

La calidad de nuestras decisiones da significado a nuestras vidas. Las decisiones que nos enfocan hacia afuera proveen textura y substancia a nuestras vidas. Es interesante que una de las cosas para llevarse de estas entrevistas, parte de un estudio conducido en Georgia, es que las personas viven más tiempo cuando deciden involucrarse apasionadamente en algo más allá de ellos.

De qué manera estas personas miraban la vida: no enfocados en la tragedia, sino enfocados en Aquel que los amaba más. Ante el dolor y la angustia, la creencia de ellos en un Dios amoroso selló sus sentimientos y cómo vieron sus circunstancias.

Si, de hecho, el mundo de cinco pulgadas y media donde paso todos mis días determina el impacto de una vida de ochenta, noventa, cien años, la verdadera pregunta es obvia: *¿Qué estoy pensando?*

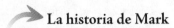 **La historia de Mark**

Cuando Parker cumplió dieciséis años de edad, lo llevé a tirar al plato. Antes de que nos dejaran entrar al campo de tiro, tuvimos que tomar una clase de seguridad. Una de las cosas que el instructor nos enseñó fue que cada uno de nosotros tiene un ojo dominante. En caso de que te importe, yo soy ojo-derecho. Así que yo cierro mi ojo izquierdo cuando voy a disparar. Si cerrara el ojo equivocado, se me haría muy difícil golpear los platos. Y lo que es cierto del tiro al plato es cierto de la vida.

Mateo 6:22-23 dice: *"Tu ojo es una lámpara que da luz a tu cuerpo. Cuando tu ojo es bueno, todo tu cuerpo está lleno de luz; pero cuando tu ojo es malo, todo tu cuerpo está lleno de oscuridad"* (NTV).

Nosotros no vemos el mundo como es; nosotros vemos el mundo como nosotros somos. Como pastor, veo esto ocurrir una y otra vez en las vidas de las personas cercanas a mí. He aprendido que si una persona tiene un ojo crítico, siempre van a encontrar algo para criticar. Y si tienen un ojo agradecido, ellos van a encontrar algo para celebrar, aun en las peores circunstancias. La Biblia le llama a esto tener un "buen ojo". Tener un "buen ojo" en la vida cambia cómo te ves a ti mismo y a todo lo que te rodea. Tenemos un valor fundamental en nuestra familia que tomamos prestado de la conversación de Qui-Gon Jinn con Anakin Skywalker: tu enfoque determina tu realidad. Queremos tener un "buen ojo" mientras caminamos por la vida. Queremos que nuestra realidad refleje las cosas buenas que escogemos para enfocarnos. Una manera en que lo hago es llevando un diario de gratitud. Así es como cuento las bendiciones de Dios. Yo, literalmente, las enumero. En lo que va del año estoy en la número 471. Mi meta es llegar a las mil para fin de año.

En Filipenses 4:8, Pablo dice: *"Por lo demás, hermanos, todo lo que es verdadero, todo lo honesto, todo lo justo, todo lo puro, todo lo amable, todo lo que es de buen nombre; si hay virtud alguna, si algo digno de alabanza, en esto pensad"*. En otras palabras, enfócate en esos positivos. Pablo tenía muchos recuerdos dolorosos en los que pudo haberse enfocado. En el transcurso de su ministerio fue encarcelado, sometido a arresto domiciliario, náufrago, mordido por una serpiente venenosa, apedreado y dado por muerto, y azotado al menos 195 veces. Si alguien tenía el derecho de tenerse pena, probablemente era Pablo. Sin embargo, no lo hizo. Él escogió enfocarse en las cosas que lo llevarían a donde necesitaba ir. Y él animó a las personas alrededor de él a mantener sus ojos enfocados en el premio, la eternidad con Cristo.[3] Eso lo mantuvo positivo. Lo mantuvo moviéndose hacia adelante. Lo mantuvo motivado.

Parte de descubrir la aventura para la cual Dios te diseñó es aprender cómo enmarcarla o re-enmarcarla. ¿Cómo enmarcas las experiencias, enmarcas las oportunidades, enmarcas las situaciones? ¿Tienes un "buen ojo" o un "mal ojo"?. Martin Seligman, ex presidente de la Asociación Americana de Psicología, dijo que cada uno de nosotros tiene un estilo explicativo. En palabras claras, nuestro estilo explicativo es cómo nos explicamos nuestras experiencias a nosotros mismos. Y nuestra explicación es más importante que la experiencia en sí misma.

En las palabras de Aldous Huxley: "Experiencia no es lo que le sucede a un hombre; es lo que el hombre hace con lo que le sucede."[4]

Cuando enmarcas una imagen, el color del marco determina el enfoque. Si utilizas un marco dorado, resaltarás lo dorado en la imagen. Cuando se trata de la vida, puedes usar un marco positivo o un marco negativo. Y eso hace toda la diferencia en el mundo. José puede ser el mejor ejemplo. Él re-enmarcó trece años de dolor y sufrimiento con una explicación. Él les dijo a los mismos hermanos que le habían vendido como esclavo y le daban por muerto: *"Es verdad que ustedes pensaron hacerme mal, pero Dios transformó ese mal en bien para lograr lo que hoy estamos viendo: salvar la vida de mucha gente"*. Esa declaración en Génesis 50:20 es el estilo explicativo de José. Incluso en malas circunstancias, José tenía un buen ojo. ¿La clave? Mantener tus ojos en las promesas de Dios.

Una de mis "re-enmarcaciones" favoritas se dice que ocurrió durante *Battle of the Bulge* en diciembre de 1944. Fue un punto decisivo en la Segunda Guerra Mundial. Las fuerzas estadounidenses estaban completamente rodeadas en Bastogne, Bélgica. La situación se veía sin esperanza. Nuestras tropas tenían baja la moral y aún más bajos los suministros. El comandante alemán de campo envió un mensaje al General Anthony McAuliffe exigiendo su rendición inmediata. Se pretende que el General McAuliffe reunió sus tropas, y dijo: "Hombres, estamos rodeados por el enemigo. Tenemos la oportunidad más grande que alguna vez se le ha presentado a un ejército. Podemos atacar en cualquier dirección".

Con los años, Dick me ha ayudado a enmarcar algunos de mis mayores desafíos y mis más grandes sueños. Con unas pocas palabras oportunas, he experimentado cambios de paradigmas que han transformado la forma en que veo mi vida. Algunos de ellos han sido el resultado de intensas conversaciones, mientras otros han sido el resultado de su buen sentido del humor. No siempre hemos estado de acuerdo en todo, pero cuando los corazones están alineados, eso está bien.

Jesús fue el maestro de re-enmarcar cosas. En cierto sentido, Su vida en la tierra fue un desfile de muerte a la cruz del Calvario, y Él lo sabía. Pero Él no vivió Sus días abatido y deprimido. Él estaba lleno de vida, lleno de alegría, lleno de sanidad, lleno de sabiduría. Él vivió una vida que era tan fascinante que todo el mundo alrededor de Él quería estar con él y ser como Él. Él re-enmarcó la muerte en vida abundante. Él re-enmarcó la tristeza en alegría. Él re-enmarcó la desesperación en esperanza eterna. Finalmente, Él re-enmarcó la muerte en resurrección. Él nos mostró cómo verdaderamente luce una vida de aventura, y lo hizo con un marco eterno. Él fue enfrentado con la noche oscura de la cruz, pero Él vio la mañana de Pascua. Y la tumba vacía re-enmarca todo.

El 23 de julio de 2000, una experiencia cercana a la muerte re-enmarcó completamente el resto de mi vida. Mis intestinos tuvieron una ruptura, y estuve en un respirador durante dos días. El hecho de que sobreviví no es un milagro pequeño. En un instante, las cosas que daba por sentado se convirtieron en preciadas. Después de varias cirugías y varias semanas en el hospital, supe que debí haber muerto en el quirófano. Recuerdo caminar en las habitaciones de mis hijos, y mirarlos mientras dormían. Me di cuenta de que no solo había tomado a mis hijos y a mi esposa por sentado, sino a mi propia vida, de tantas maneras diferentes. Pero el peor día de mi vida se convirtió en el mejor día de mi vida porque finalmente descubrí que cada día es un regalo de Dios. Detente y piensa en eso: hoy es el primer día y el último día de tu vida. Nunca ha sido antes y nunca lo será de nuevo.

Cuando tienes esa revelación, cuentas tus días.[5] Intentas hacer de cada día una obra maestra.

Haz de cada día una obra maestra.

14

Libros con Cubiertas de Piel

 La historia de Dick

Era una mañana de domingo de marzo de 1969 en Urbana, Illinois. Un joven corrió hacia mí al cierre del servicio y dijo: "¿Sabe usted quién era ese hombre?".

"Ni idea", dije.

"Yo trabajo para él", respondió el joven. "Ese fue el Howard Malmstadt." Él y su esposa se habían deslizado en la última fila de nuestra pequeña iglesia de estilo colonial después que el servicio comenzó, y se fue durante la oración de cierre.

Le dije: "¡Tremendo! ¿Quién es el Howard Malmstadt?".

El dijo: "¡Él es uno de los mejores cinco espectroscopistas en el mundo!".

Le dije: "¡Fantástico! ¿Qué es un espectroscopista?".

Él dijo: "Esas son las personas que utilizan luz para medición científica". Mi educación estaba a punto de comenzar.

Howard Malmstadt, descubrí, era una leyenda en el mundo de la química. Cuando la Segunda Guerra Mundial interrumpió sus estudios en la Universidad de Wisconsin, se alistó como oficial de radar naval de los Estados Unidos. La Marina de Guerra le presentó a lo último en la electrónica. Después de la guerra, reunió la química y la electrónica, y comenzó a enseñar a los científicos en todas las disciplinas cómo recoger los datos científicos a través de la electrónica.

Al momento que lo conocí, había escrito nueve libros de texto utilizados en más de quinientas universidades alrededor del mundo y había recibido los más altos premios anuales por sus investigaciones. Era extensamente considerado el padre de la electrónica moderna y de la instrumentación computarizada en química. Sus iniciales, H.V., fueron transformadas por sus colegas en "High Voltage" ("Alto Voltaje") Malmstadt por sus visiones poderosas y su entusiasta enseñanza práctica. Sus estudiantes de doctorado y los estudiantes de ellos seguirían cambiando la cara de la química analítica. Muchos se aturdieron cuando él dejó la Universidad de Illinois en la cúspide de su carrera en el 1978 para convertirse en presidente de una innovadora universidad global en Kona, Hawaii, llamada la Universidad de las Naciones, una institución dedicada a dar a conocer el nombre de Jesús en la plataforma de entrenamiento espiritual, cultural y profesional.

Cuando apareció aquel domingo, no tenía idea de que su amistad cambiaría mi vida. No es algo pequeño cuando un científico mundialmente famoso te escoge como amigo. Desayunábamos y yo le hacía preguntas. Visitaba su laboratorio con sus bancos de computadoras, y brillantes estudiantes graduados haciendo fila para hacerle preguntas. Cuando le pregunté sobre uno de sus experimentos de mesa, dijo: "Ese es un laser de rubí rastreando iones positivos y negativos a través de los riñones de sapos, Dick". Sin idea, asentí como si supiera. Aunque apenas podía penetrar el mundo de Howard Malmstadt, trajimos algo el uno al otro. Según creció nuestra amistad, algo se hizo claro: él estaba en un viaje espiritual, y yo también.

Un incidente en su carrera naval fue un momento crucial en la vida de Howard. El último año de la guerra, el destructor donde servía era parte de la línea de defensa en la costa de Japón. Estaban bajo constante amenaza de ataque kamikaze, y la tensión era insoportable. Después de setenta y dos duras horas en las estaciones de batalla, se fue exhausto a su litera. Acostado allí escuchó una voz fuera de la portilla diciendo: *"El Señor es mi pastor; nada me faltará".* Criado en un hogar presbiteriano, sabía el Salmo 23. Howard se levantó y miró hacia afuera. Nadie estaba allí. Me contó que ese momento lo cambió.

Mis conversaciones con Howard me cambiaron. Un día de camino a almorzar, le pregunté: "¿Por qué tú crees que la primera cosa que Dios dijo en el Génesis es *"¡Que exista la luz!"*?

Él dijo: "Bueno, ese es uno de los fundamentos del universo. La velocidad de la luz es la constante en la teoría general de la relatividad de Einstein, E = mc2. La luz se expresa en longitudes de ondas. La más precisa unidad de medición es la longitud de onda. Así que los contratistas que construyen carreteras usan tránsitos de láser. Cada elemento en la tabla de elementos que estudiamos en ciencia de escuela secundaria (CL por cloro, AG por plata, Na por sodio) absorbe o refleja la luz a una velocidad diferente. Cada elemento es reconocible instantáneamente. De manera única, si el cadmio recibe luz, emite lo que se llama la línea roja de cadmio. Esa es la base para el reloj atómico".

"En cuatro palabras, *¡Que exista la luz!*, Dios estableció un fundamento para tiempo y espacio", Howard explicó. Me senté boquiabierto mientras él continuaba. "Cualquier agricultor sabe que la cadena alimentaria se basa en fotosíntesis. Sin luz, no tienes vegetación. Sin vegetación, no puedes tener animales o humanos".

Habló sobre color. Sin luz no hay color. No hay arcoiris. No hay puestas de Sol hawaiianas espectaculares. No hay aurora boreal. Cuando se apagan las luces en el Louvre en París, no ves la sonrisa de la *Mona Lisa*.

Ese paseo en carro literalmente cambió cómo yo veía a Dios, al universo, la Escritura, el tiempo, el arte y la Interestatal 80. De hecho, cambió cómo yo veía el almuerzo. Andar con Howard no era solo sobre química. Era ver la alegría del Creador expresarse en la vida de Howard según él dejaba que su creciente fe informara su trabajo.

Yo siempre he sido bastante curioso, y siempre he tenido grandes amigos. Así que cuando empecé a ver a mis amigos como maestros, aprender se convirtió en diversión. Cuando descubrí lo que hacían y cómo pensaban, siempre me despedía enriquecido. Cuando estaba en mis veinte, Howard Malmstadt se convirtió en una metáfora para ese proceso. Casi treinta años después, cuando conocí a Mark, tuve una sensación similar.

Yo encontré estimulante el enfoque de Mark. Ese primer año que nos conocimos, me dijo que quería escribir. Que sentía que *debía* escribir. Primero pensé: "Sí, claro. Muchas personas dicen lo mismo". Entonces apareció su determinación. Él estaba absolutamente determinado a poner pluma sobre papel o, en su caso, dedos sobre el teclado. Cuando dice ahora: "Yo escribí por obediencia", yo le creo. Yo experimenté su determinación similar a un láser y aprendí muchísimo de ella. Eso es precisamente lo que había visto en Howard.

A medida que Howard creció en fe, su impacto creció. En los ochentas, en un simposio científico en su honor en el Hotel Americana en Nueva York City, le dijo a su audiencia: "He pasado la mayor parte de mi carrera descubriendo las creaciones de Dios, pero hace pocos añs atrás descubrí a Dios. Todo lo que soy o espero ser se lo debo a Él a través de Su Hijo, Jesús de Nazaret". Dicho eso, la multitud de científicos hizo lo que ordinariamente nunca hacen. Se pararon en una ovación de pie.

El 7 de Julio del 2003, mientras visitaba Kona, Hawaii para hacer lo que amaba, enseñar, Howard murió en su sueño. La Marina de los Estados Unidos lo había llevado a Hawaii y más allá en la Segunda Guerra Mundial, así que parece correcto que su cuerpo descanse junto al de su esposa, Carolyn Gay, en el Cementerio Militar de los Estados Unidos cerca del Aeropuerto de Kona mirando hacia el Pacífico. Cuando la luz se cierne sobre el océano azul, y las verdes palmas y el Sol se hunden en el mar, lo veo como el saludo de la naturaleza a un hombre que amó la luz.

Atrae a las personas y la vida se edifica. Yo puedo aprender de cualquiera: uno de noventa y tres años o de tres años, un barrendero de la calle o un científico. Cuando hago un amigo, soy más inteligente. Cuando hago un amigo, soy más rico. Howard Malmstadt escribió muchos libros. Pero el libro que escribió con su vida era el libro real para leer. Ese era un libro excitante. No podía soltarlo.

Cuando Howard se sentó en la fila de atrás aquel domingo de primavera porque quería descubrir más de Dios, me conoció. Fui al laboratorio de Howard, y yo conocí a Dios. Yo recibí lo mejor.

La historia de Mark

Ralph Waldo Emerson dijo una vez: "Todo hombre que conozco es superior a mí en algún sentido. En ese sentido, aprendo de él."[1] Descubrí esta cita por primera vez en uno de mis libros favoritos: *How to Win Friends and Influence People* de Dale Carnegie, y he tratado de vivir bajo ese lema desde entonces. Creo que tengo algo qué aprender de todas las personas. Nunca tengo una conversación con alguien sin tener conmigo un diario porque siempre escribo pensamientos y observaciones. Todos estamos inconscientemente programados y alambrados por las personas que influyen en nuestras vidas. Esto incluye familia, amigos, maestros, pastores, y entrenadores. Pero a veces hay ciertas personas que invitamos intencionalmente a nuestras vidas porque pensamos: "Quiero que esa persona afecte la forma en que pienso, la forma en que tomo decisiones, la forma en que vivo". Dick es uno de esos pocos elegidos en mi vida. En realidad, cuando él profesó su amor por la luz, supe que éramos una pareja de mentores, unida en el cielo. Así como cierta ósmosis tuvo lugar entre Howard Malmstadt y Dick Foth, esa misma clase de ósmosis ha ocurrido entre Foth y yo. Aunque nunca he conocido a Howard Malmstadt, él ha tenido un impacto profundo en mi vida a través de Dick Foth. Y esa es la belleza de tener un mentor, un padre y un amigo.

Antes de conocer a Dick, yo era bastante aficionado a la lectura. Dick me enseñó a leer a las personas de la forma que leo los libros. Descubrí, como a Dick le gusta decir, que las personas son libros con piel. Sus vidas son historias para ser leídas y para aprender de ellas. Mientras mi inclinación es más hacia el aprendizaje a través los libros que de las personas, mi relación con Dick me ha ayudado a contrarrestar esto. Él me ha modelado cómo las relaciones enriquecen tu vida. He leído su biografía, no en el papel, sino en persona. Por supuesto, este libro fue mi intento de conseguir tenerla en papel también. He leído la forma en que Foth interactúa con las personas, la forma en que recuerda las cosas, la forma en que maneja las situaciones. He leído a Dick durante casi dos décadas, y en mi mente, él es un éxito de ventas.

Si me preguntas qué libros humanos han tenido la mayor influencia en mi vida, te daría tres títulos: Dick Foth, Bob Schmidgall y Bob Rhoden están en mi estante superior. He encontrado que si puedes superar tu inseguridad y rodearte de personas mucho más inteligentes que tú, puedes recibir mucho de ellas. Cuando te rodeas de personas que admiras, que viven la vida de una manera que te inspira, comienzan a influir en ti. Lo llamo "tropezar con la unción de alguien". No es algo que se pueda enseñar. Tienes que atraparlo.

Una de la semanas más significativas de mi vida la pasé con Jack Hayford en su *School of Pastoral Nurture* (Escuela de Crianza Pastoral). Jack literalmente nos invitó a su vida. Estuvimos una semana en su salón de clases y cenando en su casa. Esa experiencia me ayudó a entender por qué Jesús no solo les dijo a los discípulos: "Escúchenme". Él les dijo: " Síganme". El verdadero aprendizaje ocurre cuando se está viviendo la vida juntos. Te frotas los hombros y compartes ideas. Tú inspiras y animas al otro. La Escritura que dice: "*Mejores son dos que uno*",[2] adquiere un nuevo significado cuando se trata de aprendizaje. Yo pienso que los genios andan en grupos.

A lo largo de la historia algunas de las más grandes amistades ha cambiado el mundo, tal como lo conocemos. J. R. R. Tolkien y C. S. Lewis se animaban mutuamente en un grupo de escritores que se reunía semanalmente en el *Magdalene College* de la Universidad de Oxford. Su amistad engendró algunas de las literaturas mitológicas más grandes de nuestro siglo, *The Lord of the Rings* y *The Chronicles of Narnia*. La doctora Henrietta Mears organizó la escuela dominical más grande de su tiempo en la Primera Iglesia Presbiteriana de Hollywood con una asistencia de 6.500. Ella desarrolló el currículo por sí misma. Pero su desarrollo no se detuvo con el currículo. Ella desarrolló personas. Aquellos que tocó con su humor, su entusiasmo por Dios, y su amor por la Escritura incluyen a: Billy Graham; Jim Rayburn, fundador de *Young Life*; Dawson Trotman, fundador de *Navigators*; Richard Halverson, capellán del Senado de los Estados Unidos; y Bill Bright, fundador de *Campus Crusade for Christ*. ¡Esa esa una maravillosa escuela dominical! Ese es el tipo de alcance e influencia que se sentirá en los siglos venideros. Si tuviera que reducir mi misión de vida a una sola oración, sería esta: ayudar a otros a maximizar el potencial que Dios les ha dado. Potencial es el regalo de Dios para ti. Lo que tú hagas con él es tu regalo devuelto a Dios. Mi mayor alegría como pastor, padre y amigo es ver a alguien en su punto justo. No hay nada como ver a alguien usar los dones que Dios le ha dado, que viste en ellos antes de que ellos mismos los reconocieran. Yo simplemente retrocedo y sonrío.

Tengo tantas inseguridades como la siguiente persona. Al principio, cuando teníamos predicadores invitados en nuestro púlpito, yo quería que lo hicieran bien, pero no tan bien. Hoy, libremente y con gozo admito que ni siquiera soy el maestro o líder más talentoso en nuestro equipo. Yo soy el pastor principal, y con eso viene cierta seriedad porque he estado alrededor por más tiempo, pero puedo celebrar genuinamente los dones únicos que cada miembro de nuestro equipo trae a la mesa. Harry Truman dijo una vez: "Es increíble lo que puedes lograr si no te importa quién se lleva el crédito".[3]

¿Has conocido a alguien que está haciendo su mayor esfuerzo para impresionarte? Es poco impresionante, ¿verdad? ¿Sabes lo que es impresionante? Alguien que no está tratando de impresionar en absoluto. Si quieres que las personas se interesen en ti, no trates de ser interesante. Muestra interés en ellos. Nadie hace esto mejor que Dick Foth. Él sabe más datos sobre más personas que cualquier persona que conozco. Honestamente no creo que haya una persona en el planeta que esté más interesada en las personas que Dick. ¿Y no es esa una de las cualidades que hizo a Jesús tan magnético? Él tenía un interés eterno en cada persona que conoció.

La libertad mayor es no tener nada qué probar.

15

Aprende Como Si Fueras a Vivir Para Siempre

▶ **La historia de Dick**

Fue todo un año el 1959. Fidel Castro asumió el poder en Cuba, y Alaska y Hawaii se convirtieron en los estados cuarenta y nueve y cincuenta. Elvis estaba en el Ejército en Alemania. Y yo me matriculé a los diecisiete años como estudiante de pre-médica en Cal Berkeley. Sería pre-med para siempre porque Química 1A era mi némesis. Me dirigía al laboratorio de química en mi confiable *Vespa*, y de repente estaba a diez millas en el este en *Oakland Hills*, estacionándome a la entrada de la casa de Paul y Vi Pipkin.

Ir a casa de los Pipkin era divertido porque tenían comida deliciosa, hijas bonitas, y grandes historias sobre Asia. Lo mejor de su casa era el garaje. No tenían carros, solo libros. En el corazón de esas horas robadas estaba *China's Millions*. Paul tenía ejemplares de ese periódico publicado por el misionero de principios de siglo Hudson Taylor.

En un oscuro garaje con aromas de aceite de motor y alfombra nueva, yo sentía las aventuras, el sufrimiento y los milagros. En un momento estaba subiendo por el río Yangtze en un raquítico sampán. El próximo esta sorbiendo una taza de té verde con las cáscaras crujientes de semillas de girasol goteando de mi mentón, según la costumbre. Caminatas agotadoras, té humeante, semillas de girasol, y Jesús. Yo estaba en todos lados.

Estaba obteniendo una D en Química y una A en China. Eso fue mucho antes de que Cal y yo nos dejáramos. Mi *Vespa* encontró su camino a setenta y cinco millas al sur, hacia las Montañas Santa Cruz, para que yo pudiera empezar mi segundo año en *Bethany College*. Fue allí que comencé un sueño de ser un misionero en tierras lejanas, posiblemente China.

Ología significa "una rama de conocimiento". Cómo obtenemos el conocimiento es lo divertido. Los libros han existido solo por los últimos setecientos años. Antes de eso, eran unos pergaminos escritos a mano y un montón de cuentistas. La tradición oral era realmente el nombre del juego. Todos hablaban, pero casi nadie leía. Cuando se empezó a leer, el mundo se contrajo y se expandió al mismo tiempo. Las personas podían ir a lugares sin ir a lugares, y podían hacerlo una y otra vez.

Aprender de otros ocurre de dos maneras: de primera mano y de segunda mano. Para que te cuenten de primera mano, les hablas a las personas. Para que te cuenten de segunda mano, lees libros sobre ellos. Las biografías son mis favoritas.

Sin lugar a dudas, para mí, la biografía más grande del mundo es la de Jesús de Nazaret. Muchos han escrito sobre este carpintero judío de treinta y tres años ejecutado por el estado hace dos mil años. La Biblioteca del Congreso de los Estados Unidos, con más de treinta y seis millones de volúmenes, tiene más libros sobre Jesús que de cualquiera otra persona. Lincoln y Napoleón, para mi entendimiento, son dos "segundos" distantes. Si tienes que escoger una biografía, escoge la de Él. Fue escrita por cuatro hombres: Mateo, Marcos, Lucas y Juan. Si lees la historia seriamente, te cambia el juego. Cuando lees lo que Él dice y ves lo que Él hace, la evidencia está completa: *Él es mucho más que una figura religiosa.*

Millones creen que Jesucristo de Nazaret es Dios. Aún si tú no lo crees, Su historia intriga y Sus ideas perturban. Nunca olvidaré una conversación que escuché. A un embajador educado en Oxford de un trasfondo religioso muy diferente al mío le preguntaron: "¿Sr. Embajador, ha estado pensando mucho en Jesús recientemente?". Él dijo: "Sabes, he pensado. Empecé a leer los Evangelios, y Jesús es un hombre muy interesante". Tú puedes decirlo otra vez. El embajador estaba empezando exactamente donde Jesús empieza en la historia, como el Hijo del Hombre. Conocerlo como Dios viene por revelación.

Ser capaz de *conocer* algo es un regalo de Dios. Encontrar ese conocimiento leyendo es una gran aventura. Cuando leemos sobre alguien que hace lo imposible, empezamos a creer que lo imposible es posible. Cuando leemos sobre pasión, triunfo y fracaso, vemos que nadie es perfecto. Necesitamos saber que las personas imperfectas pueden tener vidas imperfectas y aún impactar el mundo a su alrededor de maneras poderosas. Eso nos deja entrar.

David Livingstone es un nombre vinculado con sacrificio, exploración, y aventura en África a mediados de los 1800s. Él era un fuerte escocés con un alcance monumental como explorador, abolicionista, científico, campeón del comercio, y proponente de misiones cristianas en África central. Cuando murió en el Zambia de hoy, como gesto de amor, sus amigos extrajeron su corazón y lo enterraron en una caja de lata debajo de un árbol de mvula en la aldea de *Chief Chitambo*. Su cuerpo fue llevado mil millas hacia la costa y regresado a Inglaterra, donde descansa hoy en la Abadía de Westminster. Pero todo no fue perfecto.

El cuerpo de Livingstone descansa en Londres. El cuerpo de su hijo Robert descansa a 3.800 miles en un cementerio masivo cerca de Salisbury, Carolina del Norte. Separado de su padre durante muchos años, fue criado por dos tías en Escocia. Cuando su madre murió, Robert estaba decidido a encontrar a su padre en África. Sin permiso, navegó hacia Durban, África del Sur. Cuando llegó, su padre ya se había ido a su expedición por el río Zambese. La carta que dejó para Robert le prohibía ir más adelante. La historia no nos dice por qué. Descorazonado, Robert partió hacia América y se enlistó en un Regimiento de New Hampshire a la altura de la Guerra Civil, con el nombre de Rupert Vincent. Fue herido y murió en un campamento confederado de prisioneros de guerra en Salisbury, el 5 de diciembre de 1864. Su padre moriría de malaria en África nueve años más tarde.

Ningún gran líder es perfecto. Pero aún podemos inspirarnos en el modelo de los triunfos de Livingstone y aprender de sus errores según vivimos nuestras aventuras. Podemos aprender de cualquier género, desde teología hasta alegoría, a poesía, a ficción. Cuando leo biografías, me encantan los héroes buenos. Louis L'Amour, el icónico escritor occidental, tiene grandes héroes y sabiduría. Algunas de sus ideas parafraseadas sonarían como esto: "Sabe que cuando llega el problema, la familia vendrá corriendo". Nunca subestimes el valor y el compañerismo de una buena mujer. Siempre conoce dónde están las salidas en la habitación. Siempre sabe dónde está el abrevadero más cercano.

L'Amour era un aventurero y un lector. Sus personajes a menudo cargaban un par de libros en sus alforjas. Los libros nos permiten conocer las historias de unos y otros cuando no estamos sentados alrededor de la misma hoguera. De vuelta a Jesús de Nazaret y los Evangelios, quiero cerrar mi reflexión aquí con un pensamiento. Juan concluye su Evangelio diciendo que el mundo no podría contener todos los libros que podrían escribirse sobre lo que hizo Jesús. Libro sobre libro sobre libro sobre libro. Considera este uno más de esos. Su vida es el mejor modelo. Su sacrificio salva mi vida entera. Sus métodos son contrarios a los nuestros. Los sueños que Él inspira cambian el mundo. La aventura a la que Él nos llama es la única que cuenta. La movida que Él hizo transforma la vida para siempre.

Cuando lees el libro, aprendes sobre Él de segunda mano. ¿Cuándo lo conoces de primera mano? Ese es *verdadero conocimiento*.

 ## La historia de Mark

En el siglo décimo, Abdul Kassem Ismael, el Gran Visir de Persia, era un hombre dedicado a sus libros. Él llevó a un nuevo nivel el aprendizaje a través de los libros y el amor por los libros. Fue un erudito que viajó a lo largo y ancho seleccionando para su colección. Su biblioteca, que consistía de 117.000 volúmenes, era un espectáculo a observar, sobre todo porque era una biblioteca móvil. Ató su biblioteca a las espaldas de cuatrocientos camellos y los entrenó para caminar en orden alfabético. ¡El sistema decimal Dewey palidece ante la comparación! Cada camellero se convirtió en un bibliotecario bien adiestrado, capaz de hallar el libro que el Gran Visir solicitara en cualquier momento. Este estudioso tomó en serio cultivar su mente. Me gusta su estilo.

El cerebro humano pesa tres libras. Es del tamaño de una pelota de béisbol, y, sin embargo, con él tenemos la capacidad de aprender algo nuevo cada segundo de cada minuto de cada hora de cada día por los próximos trescientos millones de años. Dios nos ha creado con una capacidad ilimitada para aprender. Lo que eso me dice es que deberíamos seguir aprendiendo hasta el día en que muramos.

Leonardo da Vinci una vez observó que el ser humano promedio "mira sin ver, oye sin escuchar, toca sin sentir, come sin saborear, inhala sin la conciencia de olor o fragancia, y habla sin pensar".[1] Pero no da Vinci. El hombre del Renacimiento por excelencia llamó a los cinco sentidos los ministros del alma. Quizás nadie en la historia los administró mejor que él. Famoso por sus pinturas *La última cena, Mona Lisa,* y el *Hombre de Vitruvio*, da Vinci fue un observador de primera clase. Da Vinci nunca iba a ninguna parte sin sus cuadernos de notas, donde registraba ideas y observaciones en letra cursiva de imagen especular.

Sus diarios contienen el génesis de algunas de sus más brillantes ideas - un artefacto tipo helicóptero que llamó *orintóptero,* un traje de buceo y un caballero robótico. Pero lo que más me sorprende es que en su propio lecho de muerte, tomó nota meticulosamente en su diario, de todos sus síntomas. Eso es dedicación al aprendizaje. Siete mil páginas de los diarios de Da Vinci se han conservado. Y en caso de que te importe, Bill Gates compró dieciocho páginas por $30.8 millones, hace unas pocas décadas.

Nunca voy a ninguna parte sin mi diario. Al lado de mi Biblia, es lo más sagrado. No importa dónde esté orando, escuchando un mensaje, o reunido con alguien, siempre estoy escribiendo en mi diario. Es la forma que llevo cautivos mis pensamientos, y los hago obedientes a Cristo.[2]

La palabra discípulo en el griego significa literalmente aprendiz. Así que por definición, un discípulo es alguien que nunca deja de aprender. El punto crucial de mi vida fue un viaje por carretera a un juego de baloncesto, cuando tenía veinte años de edad. Leí una biografía de Albert Einstein, de ochocientas páginas. En algún lugar de la carretera interestatal 44, entre Kansas City y Springfield, Missouri, me enamoré de los libros. Leí casi doscientos libros ese año, y leí a ese ritmo durante casi una década. Einstein dijo una cosa en esa biografía que se ha convertido en mi mantra personal: "Nunca pierdas la curiosidad santa."[3] Para aprovecharme de la filosofía de aprendizaje de Dick, sugeriría que cada "logía" es una rama de la teología. Cada cosa nueva que aprendemos nos grita acerca de la creatividad y la grandeza de nuestro Dios, ya sea biología, zoología, psicología o la arqueología. Einstein es conocido por su famosa frase: "La ciencia sin religión es coja, la religión sin ciencia es ciega."[4] He encontrado que un poco de conocimiento de ciencia añade dimensionalidad a mi teología. El ciego de nacimiento es un buen ejemplo. La Biblia específicamente dice que nadie había escuchado hablar de un hombre ciego de nacimiento que fuera sanado. He aquí por qué: alguien que naciera ciego no tenía ninguna vía sináptica entre el nervio óptico y la corteza visual en el cerebro. Esto no es un astigmatismo o cataratas. Esto es nada menos que sinaptogénesis - la creación de nuevas sinapsis. Un poco de conocimiento de neurología te ayuda a apreciar plenamente este milagro sin precedentes.

Una vez leí que al autor promedio le toma alrededor de dos años de escritura e investigación para escribir un libro. Así que asumí que estaba recibiendo dos años de experiencia de vida con cada libro que leía. Y experiencia de vida era exactamente lo que me faltaba cuando era un pastor principal de veintiseis años de edad. En mi primer año pastoreando, me leí unos doscientos libros. Oye, solo habían veinticinco personas en NCC, en el momento. ¡Tenía algo de tiempo en mis manos! Gané cuatrocientos años de experiencia de vida en un período de 365 días. Solo he dado cuarenta y cuatro vueltas alrededor del Sol, pero en años de libros, tengo al menos seis mil años.

Como dijo una vez Oliver Wendell Holmes, cuando la mente de una persona se estira por una nueva idea, nunca vuelve a su dimensión original.[5] Así que, cuando leo un libro, mi mente adquiere una nueva forma. He leído con gran intencionalidad, en particular, acerca de temas que sé muy poco. Es la forma en que mi mente hace polinización cruzada. Y esa una clave para la creatividad. Cuando yuxtapones ideas de diferentes campos del saber, a menudo alcanzas un momento "ajá". Me gusta aprender de diferentes disciplinas, entonces traer ese conocimiento al campo al que Dios me ha llamado. Un buen libro, una buena idea pueden alterar totalmente tu perspectiva de la vida.

La National Community Church tenía cinco años de establecida, teníamos un par de cientos de personas, no mucho dinero, y una iglesia con una sola localización. Realmente sentía que Dios nos estaba llamando para estar en múltiples localizaciones. Tuve una visión en la esquina de la 5ta y F Street NE, de un mapa del Metro. Pude ver una reunión de NCC en salas de teatro, cerca de las paradas del Metro, a lo largo de toda el área de

Washington DC. No sabía cómo íbamos a llegar a eso, o cómo se vería. No había siquiera una palabra para describir lo que yo visualicé. *Multisitios* no estaba en el diccionario *eclesiológico* en ese momento. Pero investigamos, planificamos y nos preparamos, y luego, finalmente, lanzamos a la iglesia la visión de estar en múltiples localizaciones.

Lo que me dio la libertad de hacerlo fue una declaración de Andy Stanley en su libro *Next Generation Leader*. Él dijo: "Tú probablemente nunca estarás más del ochenta por ciento seguro."[6] Hasta ese momento, yo había operado con una mentalidad de que tenía que estar noventa y nueve por ciento seguro. Pero si solo actúas cuando estás noventa y nueve por ciento seguro, no harás mucho de nada. Esa sola oración me hizo libre, y se hizo parte de mi paradigma. Una nota al calce: si estuviéramos hablando de matrimonio, yo me iría con más del ochenta por ciento de seguridad. Pero con el resto de las cosas, pondría el estándar por ahí.

Como perfeccionista, he hecho de Eclesiastés 11 una prescripción para muchas cosas. Quiero una garantía de éxito de dinero devuelto, pero he aprendido que a veces hay que *"echar tu pan sobre las aguas."*[7] En otras palabras, no esperes hasta que estés listo. Si lo haces, estarás esperando por el resto de tu vida. Yo no pienso haber estado listo para hacer nada de lo que Dios me ha llamado a hacer. No estoy diciendo que no estuviera preparado. Lo estaba. Pero he aprendido a vivir bajo esta secuencia: "Fuera. Listo. En sus marcas".

Eclesiastés 11:6 dice: *"Siembra tu semilla en la mañana, y no te des reposo por la tarde, pues nunca sabes cuál siembra saldrá mejor, si ésta o aquella, o si ambas serán igual de buenas".* Si esperas por la formación perfecta de la nube o hasta que las condiciones de siembra sean perfectas, nunca harás nada. Todo lo que necesitas es una luz verde de Dios. Entonces lanza la precaución al viento, y vé por ello.

Uno de mis versos ejes es 1 Corintios 8:2: *"Si alguno cree saber algo, todavía no lo sabe como se debe saber"* (RVC). El verdadero conocimiento no debe producir orgullo; debe producir humildad. ¿Por qué? Porque mientras más sabes, más sabes cuánto no sabes. El conocimiento en el ámbito de la revelación natural. Le da más dimensionalidad a la revelación especial. Dicho en palabras sencillas, un poco de conocimiento de química mejora nuestra apreciación de Jesús mutando las moléculas de agua y convirtiéndolas en vino. Un poco de conocimiento de agricultura nos da una nueva profundidad a las parábolas de Jesús del sembrador y la semilla. Mayor conocimiento equivale a mayor potencial para adoración.

El astrónomo que traza las gráficas de las estrellas, o el geneticista que prepara los mapas del genoma, o el químico que sintetiza compuestos para hacer fármacos están estudiando al Creador mediante la investigación de Su creación. Creo que mientras más aprendemos, más lo honramos a Él, porque estamos administrando las tres libras de materia gris que nos ha dado. Debemos ser estudiantes de la vida, descubriendo cosas nuevas cada día y todos los días en la tierra. Y entonces podemos pasar los próximos mil años estudiándolo a Él.

Hace muchos años, me regalaron una taza de café de *Amazon.com* con una cita impresa de Mahatma Gandhi. Ya no uso la taza, pero nunca he olvidado la cita: "Vive como si fueras a morir mañana. Aprende como si fueras a vivir para siempre". Esa última línea se ha convertido en un lema mío. No es coincidencia que mi mayor fortaleza en la evaluación *StrengthsFinder* es "aprendiz". Si no estoy aprendiendo, no soy feliz. Y aunque tal vez esta no sea tu fortaleza particular, la palabra discípulo significa literalmente alumno o aprendiz. Así que de una manera u otra, no hay escapatoria. El aprendizaje es el corazón del discipulado. Tú no puedes simplemente tomar tu cruz cada día. Tú necesitas tomar la Biblia todos los días. Y recomendaría al menos un capítulo al día del libro de tu elección.

El escritor francés Jacques Reda tenía un hábito peculiar: solía caminar por las calles de París con la intención de ver una cosa nueva cada día. Era la forma en que él renovaba su amor por la ciudad. Yo pienso que renovamos nuestro amor por el Creador de la misma manera. Nuestro amor se hace más profundo a medida que descubrimos nuevas dimensiones de Su carácter a través de Su creación.

Nunca pierdas una curiosidad santa.

16

El Éxito es la Sucesión

La historia de Dick

Las personas mayores con quienes hablo saben algunas cosas. Antes sabían más. Hacer círculos alrededor del Sol tiende a quemar las certezas de los jóvenes. Primero oí la frase "una vuelta alrededor del Sol" a mi amigo psicólogo, Dick Dobbins. Hablaba del proceso de envejecimiento como "dar una vuelta alrededor del Sol con la presión atmosférica a catorce libras por pulgada cuadrada cada milla del camino". Luego hizo una pausa y dijo: "Usted hace eso sesenta o setenta veces, y se pone más débil y más lento, y cosas empiezan a moverse alrededor". Haber dado setenta y dos vueltas alrededor del Sol es un poco más cerca de casa. Hay una cosa, sin embargo, que se hace más fuerte con la edad: la perspectiva.

Oí al Dr. J. Edwin Orr, un renombrado historiador de iglesias, con doctorados de Northwestern University y Oxford, relatar una intrigante anécdota hace unos años atrás. Como capellán en la isla de Moratai en el Pacífico durante la Segunda Guerra Mundial, fue acorralado por un joven soldado que, habiendo presenciado matanzas más allá de lo creíble, dijo: "Soy un ateo. ¡No hay Dios!". Pensando en ese reto, Orr dijo: "Hijo, ¿cuánto de todo lo que hay que saber tú piensas que sabes?". Tomado por sorpresa, el joven desfalleció. El Dr. Orr continuó: "Vamos a darte el beneficio de la duda y a ser exageradamente generosos. Digamos que sabes una cuarta parte de uno por ciento de todo lo que hay que saber en el universo entero. ¿Tú piensas que en algún lugar en esos otros noventa y nueve y tres cuartos por ciento podría haber un Dios?". Al día siguiente, el joven regresó y dijo: "Está bien. No soy un ateo. Soy un agnóstico. Puede haber un Dios, pero no puedo conocerlo". La sabiduría toma tiempo. La sabiduría corre en las ruedas de aquellos que han pasado muchos años haciendo círculos alrededor del Sol. Si fuera solo la acumulación de conocimiento, todos seríamos sabios. Vivimos en un día que tiene más información de la que podríamos usar en tres mil vidas. Más nuevo conocimiento ha sido creado este año que en los pasados cinco mil años combinados. El resultado: estamos abrumados con información y muriendo por sabiduría.

La sabiduría aparece en lugares exquisitos. Conocí a Charles Daniels al final de la cola de una tormenta. Ruth y yo habíamos llevado a los niños a *Outer Banks* en Carolina del Norte en junio de 1972. El huracán Agnes nos había visitado. Sentados en el muelle de *Cape Hatteras* con los vientos del huracán todavía batiendo, observé a un hombre de cuarenta y tantos, profundamente bronceado, con pálidos ojos azules, y kakis enrollados hasta sus rodillas, paseando hacia mí.

Yo pregunté: "¿Cómo estás?". Él dijo: "Bien". Sonó raro. Su acento era un cruce encantador entre el extremo este de Londres y Andy Griffith.

Presentándome, le pregunté: "¿Eres un pescador?". Él dijo: "Sí, pero no voy a salir hoy. Está soplando muy fuerte". Entonces preguntó: "¿Qué tú haces?". "Yo soy un pastor", le dije. "Yo no soy un predicador", respondió. "Pero he estado salvo quince años y estoy orgulloso de eso".

Con el viento arrebatando las palabras, dijo él: "¿Qué vas a hacer en la mañana?". Yo dije: "Nada". Él dijo: "¿Quieres ir conmigo a pescar?". Hecho el trato. A las 5:00 el día siguiente, el *Miss Molly* se remontó hacia *Pamlico Sound*, ese cuerpo de agua no más profundo de veinte pies que separa al continente de los *Outer Banks*. Corre por cien millas bajo el litoral Atlántico y tiene dieciocho millas en su punto más ancho. Alguna de la pesca más rica en el mundo se encuentra allí, con tres entradas de agua salada del mar y cinco ríos de agua fresca desde el pie de monte de Carolina.

Comí sémola por primera vez en mi vida en aquel bote, que Charles había construido con sus propias manos. Él estiró una milla de redes entre dos botes y procedió a arrastrar el sonar por cuatro horas, entonces unió las redes. Haciendo un círculo alrededor de los dos botes, los pescadores hicieron que las redes abarcaran un espacio de diez a quince pies en diámetro. Entonces pusieron estacas en el suelo del sonar para aguantar la red en su sitio y atrapar a los peces. Fue vigorizante. Fue excitante. Fue el principio de una amistad que se ha extendido por décadas.

Charles es una fuente de sabiduría afable y terrenal cimentada en la Escritura y el sentido común. Años después de nuestra primera reunión en *Cape Hatteras*, en aquel viaje loco a la Isla de Catalina con algunos otros amigos, hablamos sobre la vida, la familia y el trabajo. Tuvimos una discusión de una hora sobre cómo las personas entran por la puertas del frente de la iglesia, y se escabullen por la puerta de atrás sin nunca estar verdaderamente involucrados. Discutimos sobre las mejores maneras de ayudar a los hombres a crecer espiritualmente. Finalmente, alguien dijo: "Charles, ¿cuáles son tus pensamientos?". Él dijo: "Bueno, me suena a que ustedes no están ajustando sus redes lo suficientemente apretadas. Ustedes necesitan amarrar bien las redes abajo, para que los peces no puedan escurrirse y salir debajo de ellas". Eso se llama sabiduría. Sabiduría es la destilación de la experiencia. Si invitamos a Dios a nuestra experiencia, se concentra y se enfoca de una manera que es verdadera y fácil de entender. Proverbios 3:5–6 dice: "*Confía en el S*ᴇñᴏʀ *de todo corazón, y no en tu propia inteligencia. Reconócelo en todos tus caminos, y él allanará tus sendas*". Es el proceso de años rendidos a Dios, a Su entendimiento, a Sus maneras; eso hace nacer la sabiduría. Necesitamos disfrutar la acumulación de años en nuestro haber.

Un amigo cerca de Chicago tiene un rótulo colgando en su cocina que dice: "Algunas personas quieren volver atrás el reloj. Yo no. Yo quiero que las personas sepan por qué yo luzco así. He viajado muchas rutas en mi vida y no todas estaban pavimentadas".

No me estaré poniendo más joven, pero tengo la esperanza de ponerme más real. Me recuerda el intercambio en *The Velveteen Rabbit* entre *Skin Horse* y *Rabbit* cuando estaban acostados uno al lado del otro en el suelo de la guardería.

> "¿Qué es REAL?", preguntó *Rabbit* un día, cuando estaban acostados uno al lado del otro cerca del guardabarros de la guardería, antes de que Nana viniera a limpiar la habitación.

"¿Significa tener cosas que zumben dentro de ti y un mango que salga hacia afuera?".

"Real no es cómo estás hecho", dijo *Skin Horse*. "Es una cosa que te ocurre a ti. Cuando un niño te ama por un largo, largo tiempo... Por eso no le ocurre a personas que se quiebran fácilmente, o tienen bordes afilados, o tienen que mantenerse cuidadosamente. Generalmente, para cuando eres Real, la mayor parte de tu cabello se ha caído, y tus ojos se han desprendido, y estás flojo de coyunturas y en mal estado".[1]

Yo pienso que en una cultura donde la edad es algo que se rechaza o se teme, perdemos la experiencia de llegar a ser sabios. Nos perdemos en el ahora. Necesitamos permitirle a la vida que nos haga reales. La verdad es que con cada año yo conozco un poco más acerca de la vida, un poco más acerca de mí mismo y de las personas que amo, y un poco más acerca de Dios. Jesús, el Eterno, más que ninguna otra persona, me ayuda a abrazar el ahora. ¡Qué regalo es ese!

Si tú puedes ver tus vueltas alrededor del Sol en términos de enriquecimiento y renovación continua, de exploración más profunda y alcance más amplio, las arrugas se traducen en riqueza. Mark es sabio más allá de sus años. Quizás es porque reflexiona y medita según va haciendo sus círculos alrededor del Sol. Tú no pensarías que un hombre orientado hacia la acción haría eso tanto. Pero lo hace. Y nosotros recibimos el producto: sabiduría.

Tom Paterson es un genio en administración organizacional, habiendo trabajado en planificación corporativa con *Douglas Aircraft*, *IBM*, y *RCA*, entre otros. Al momento que escribo esto, Tom le ha dado la vuelta al Sol ochenta y nueve veces, y pasó la mayor parte de su vida de trabajo pensando estratégicamente. En el camino, ha reflexionado en un plan estratégico para la vida misma. Y aunque ha sufrido mucho a través de sus años con las muertes de sus esposas y de sus hijos, no se ha amargado. Todo lo contrario. Es un alma gentil y bondadosa con una profundidad que puedes sentir cuando te sientas con él. ¿Si le preguntas la esencia de su plan? Él simplemente dice: "Rendirte. Rendirte a Jesús y todo fluye".

Esa, me parece a mí, es la verdad más sabia de todas.

La historia de Mark

Hace algunos años, nuestra familia se mudó a una nueva casa en *Capitol Hill*, a media cuadra de nuestra antigua casa. Creo que establecimos un récord de *U-Haul* por el menor millaje en un camión de mudanzas. Nos costó $ 0.47 en gastos de millaje, pero eso no hizo que la mudanza fuera más fácil, por supuesto, todavía teníamos que empacar y desampacar todo lo que habíamos acumulado durante los catorce años que vivimos en nuestra primera casa. Durante el proceso de desempacar, me encontré con una vieja caja que no había visto en muchos años. Detuve mi frenético trabajo, y me fui a pasear por el mundo de los recuerdos. La siguiente hora se sintió como una vida entera porque aquella caja contenía una vida de recuerdos.

Los contenidos eran tanto inútiles como inapreciables: una fiambrera *Kong Phooey* utilizada como recipiente sagrado para mis tarjetas clásicas de fútbol, una medalla de oro de los Juegos Olímpicos de Awana, un proyecto de arte de cuarto grado que de alguna manera se convirtió en recordatorio, el zapato que usé mientras me recuperaba de un tobillo fracturado, y una evaluación ocupacional que tomé en la escuela de posgrado, que mostró una aptitud inferior para escribir.

Mientras rebuscaba a través de los diarios y álbumes de fotos viejas, me di cuenta de que parte de mí todavía estaba en esa caja. Me recordó a uno de mis libros favoritos, *Tuesdays with Morrie*, que es una de las inspiraciones para este libro. El autor, Mitch Albom, entrevista a su anciano profesor de universidad, Morrie Schwartz , quien comparte reflexiones sobre la vida mientras batalla contra la enfermedad de Lou Gehrig hasta la muerte. El libro está lleno de profundidades, pero la más sobresaliente para mí es un intercambio acerca de envejecer. Morrie le dice a Mitch: "Yo abrazo envejecer. . . . Es muy sencillo. A medida que creces, aprendes más. Si te quedaras en los veintidos años, siempre serías tan ignorante como fuiste a los veintidos". Después, Morrie comparte una perspectiva de la vida que debe ser internalizada más pronto que tarde o más joven que viejo. "La verdad es, una parte de mí es cada edad. Soy un niño tres años de edad, soy uno de cinco, soy un joven de treinta y siete años, soy un hombre cincuenta años. He pasado por todos ellos, y sé lo que es. Me complazco en ser un niño cuando es apropiado ser un niño. Me complazco en ser un viejo sabio cuando es apropiado ser un viejo sabio. ¡Piensa en todo lo que puedo ser! ¡Soy cada edad, hasta la presente![2]

Dick Foth is mi Morrie Schwartz.

La forma en que Dick vive su vida de alguna manera me ha ayudado a conquistar mi temor a envejecer. De hecho, mientras más lo conquisto, lo celebro. Para ser honesto, no quería llegar a los cuarenta. Pero Foth me ha enseñado que la edad es más que un estado del cuerpo; es un estado de la mente, un estado del espíritu. Y la verdadera belleza de envejecer es la sabiduría acumulada ganada, y con ella, una profunda apreciación por la fidelidad de Dios. Eso es precisamente por lo que amo el envejecimiento; la fidelidad de Dios se hace clara como el cristal. Tú conectas más puntos. Al menos tres veces este año, quise gritar: "¡Dios es fiel!". La primera vez fue en una visita al *Central Bible College* donde fui estudiante a principios de los noventas. La segunda fue durante un proceso de planificación de dos días en el cual preparamos una gráfica de mi historia. La tercera fue durante nuestro retiro anual de planificación en el cual analicé los planes estratégicos de la década pasada, y me maravillé de lo que Dios ha hecho a pesar de nosotros.

Regresemos a mi caja de zapatos.

Pensé en aquella declaración, "Soy todas las edades, hasta la presente", mientras rebuscaba en ella. Los recuerdos espirituales dentro de aquella caja de zapatos no solo revelan quién fui yo. Ellos revelan quién soy yo. La máscara de oxígeno de mi temporada en la unidad de cuidado intensivo no es solo un recuerdo lejano; es parte de mi conciencia diaria. En cierto sentido, soy esa caja de zapatos y esa caja de zapatos soy yo. Soy más que mi nombre, más que mi ocupación, más que mis grados académicos, más que mis sueños, más que mi familia. Yo soy quien yo era. Son mis huellas; donde he estado y lo que he hecho. Eso revela la huella de mi alma. Es mi singular combinación de memorias lo que me hace lo que soy espiritualmente, emocionalmente, relacionalmente y motivacionalmente. Es también esa combinación única de recuerdos que me permite adorar a Dios de una forma que nadie más puede. ¿Por qué? Porque cuando una congregación canta el himno clásico *"Great is Thy Faithfulness"*, es más que una alabanza genérica para un rasgo de carácter estático. ¡La fidelidad de Dios es tan única como cada momento de tu vida!. Cada memoria es un testamento de Su fidelidad dinámica, que es simultáneamente la misma y diferente para cada uno y todos.

Doy gracias a Dios por la memoria. Sin ella, tendríamos que re-aprender todo cada día. Es nuestra capacidad de recordar el pasado lo que nos capacita para imaginar el futuro. Y ese es el punto de recordar Su fidelidad, ¿verdad? Enciende nuestra fe del tiempo futuro.

En mi libro, el éxito es la sucesión.

Es pasar el batón entre los profetas Elías y Eliseo.

Es la transferencia de sabiduría entre Morrie Schwartz y Mitch Albom, Dick Foth y Mark Batterson.

Si tu influencia termina contigo, no valió el tiempo ni el esfuerzo. Tu vida es un callejón sin salida. Pero si influyes en la próxima generación, no solo entrarás en la eternidad cuando mueras. Vivirás en las vidas de aquellos que dejes atrás. De eso es que se trata ser papá y mamá espiritual: de dejar un legado de sabiduría que sea heredado por la próxima generación. Eso es lo que Dick ha hecho por mí.

Si Dick hubiese nacido en Babilonia dos mil años atrás, tengo la corazonada de que hubiese sido uno de los hombres sabios. Él es también el narrador más increíble que jamás he conocido. Fue Dick quien me enseñó que mi historia es realmente la historia de Dios; mi historia es Su-historia con un guión en ella (en inglés, si dividimos la palabra *His-story*, se hace más palpable que nuestras historias son Sus historias). Cada vida es la traducción única de la Escritura: la versión de Dick Foth, la versión de Mark Batterson y tu versión. Dios está escribiendo Su historia a través de nuestras vidas.

Me encanta el evangelio según Dick Foth. Es una de las traducciones más auténticas que he leído. Y según Dick me administró sus historias a mí, yo sabía que yo necesitaba administrarle sus historias al mundo. Cuando Dick estaba tímido por sus setenta vueltas alrededor del sol, nos fuimos de *excusión* a *Horsetooth Mountain* en *Fort Collins*, Colorado. Hay algo en el cambio de elevación que resulta en cambio de perspectiva. Te ayuda a ver más lejos en cada dirección. A medida que nos acercábamos a la cima,

Dick y yo tomamos la decisión definitiva de escribir este libro. Honestamente, no recuerdo si fue idea de Dick o mía. Pero probaría ser nuestra más reciente y más grande aventura. Mi motivación fue sencilla: no quería que la biblioteca de experiencias de vida de Dick se fuera a la tumba con él. Espero que Dick haga las cien vueltas alrededor del sol, pero en broma le dije que mejor nos dábamos prisa y escribíamos este libro antes de que patee la lata.

¿Puedo compartir una convicción personal?. Yo creo honestamente que todo el mundo tiene un libro dentro de ellos. No estoy hablando de una novela de ciencia ficción, o uno de cómo hacerlo. Pero tienes una autobiografía dentro de ti. Yo sé que sí. Y le debes a la próxima generación escribir tu autobiogafía de alguna forma. No importa cuán larga o corta sea; tú tienes que pasar hacia adelante las lecciones ganadas con esfuerzo que la vida te ha enseñado.

Recientemente, tuve una conversación de una hora con Paul Young, el autor del éxito de ventas mundial *The Shack*. Estábamos en un *ferry*, de camino a visitar un amigo en común, Bob Goff. No recuerdo cómo llegamos al tema, pero Paul dijo que él escribió *The Shack* para su familia. Él, en efecto, fue a *Kinkos* e hizo quince copias. Misión cumplida. Él jamás esperó que el libro vendiera sobre veinte millones de copias. Esa no fue ni su misión ni su motivación. Él escribió el libro para su familia.

Me encanta eso. Y me hago eco de eso. Cuando las personas me preguntan cuál es mi audiencia como autor, les digo que son mis bisnietos. Usualmente recibo una mirada de confusión que trato de confundir más. Les digo que yo sé un poco más que nada sobre mi bisabuelo. Una sola historia, de hecho. Él trabajaba como conductor de tren, y cuando ellos traqueteaban por las vías cerca de su casa, él sonaba el silbato para que mi bisabuela supiera que era tiempo de tener lista la cena. Esa es la suma total de mi conocimiento acerca de mi bisabuelo. Ni siquiera estoy seguro de cuál era su apellido. Quiero que mis bisnietos sepan lo que yo pensé, lo que yo creí, lo que yo valoré. Y por eso es que escribo. Los libros son cápsulas de tiempo que yo envío a la tercera y cuarta generación. Tal vez nunca los conozca, pero ellos me conocerán en las páginas de los libros que escribo.

Yo solía pensar en el aprendizaje como algo que ocurría en el contexto de un salón de clases. Aprendí de conferencias dictadas por profesores con un

montón de letras detrás de sus nombres. No fue hasta que conocí a Dick
Foth que entendí que el aprendizaje ocurre mejor dentro del contexto de
la amistad y la relación de mentor. La vida es una sala de conferencias. Y
el currículo es cualquiera y cada situación en la que te encuentres. Yo simplemente necesitaba a alguien que hubiese estado ahí y lo hubiese hecho.
Sería imposible para mí ponerle una etiqueta de precio a la sabiduría que
Dick ha compartido conmigo, pero definitivamente vale más que todos
mis títulos de grados combinados. He tomado prestado más de lo que
posiblemente pudiera devolver. Pero hay una manera en que puedo saldar:
prestando mi sabiduría a la próxima generación.

Mientras más sabes, más sabes cuánto no sabes.

17

Mentoría Invertida

→ **La historia de Dick**

Dioses paganos, conejo de Pascua, y Jesús. Ahí es donde empezó. A los chicos les encantan las celebraciones, ¡y mi esposa, Ruth, es la reina de las celebraciones! No solo las Tres Grandes: cumpleaños, graduaciones, y Navidad. Obtener B+ en lectura, el primer día de clases, el vigésimo tercer día de escuela, diente perdido, obra de arte encontrada, sobrevivir al dentista, y crecer media pulgada, todo califica. Cada momento se merece un cono de mantecado, o chocolate en cualquier forma.

Una primavera temprano en nuestro matrimonio, entré a la casa para encontrar a Ruth ocupada en la cocina con los niños. Pregunté qué pasaba. Ella dijo: "Solo coloreando estos huevos para que los podamos esconder en el patio". Yo dije: "No pueden hacer eso. Ese es un rito egipcio antiguo de fertilidad". Ella dijo: "Yo no sé de eso. Estamos solo poniendo color en estos huevos". Yo dije: "No, es una cosa de culto egipcio antiguo".

Ella me miró con lo que yo pienso que era lástima y dijo: "Mis abuelos y mis padres hacían esto con nosotros. ¿Me estás diciendo que ellos son paganos?". Yo rápidamente dije: "¡No, no!". Nada bueno tomar la ruta pagana con los suegros.

Entonces, con una chispa en su ojo y un asomo de sonrisa, dijo: "Nuestros hijos conocen la diferencia entre Jesús y el conejo de Pascua".

Bueno, por supuesto que la conocían. Antes de eso, habíamos ido a la escuela graduada en Illinois como recién casados sin mucho conocimiento sobre el matrimonio y los hijos. Algunos amigos nuestros tenían dos hijos, entre las edades de dos y cuatro años. Una noche, cuidamos a los niños y llegó la hora de acostarlos. Después de contarle al de cuatro años una buena historia como David y Goliat, le dije: "Okay, digamos nuestras oraciones". Él dijo: "No". Yo dije: "Es en verdad algo bueno qué hacer. Es importante". Él respondió: "No quiero". Yo tenía veinticuatro. Él tenía cuatro. Intenté razonar. "Bueno, a Dios le gusta que le hablemos. Yo pienso que puede estar solo".

A ese punto este niño, que había estado en el planeta cincuenta y dos meses, me dio una mirada condescendiente y dijo: "Oh, no, Jesús está allá arriba con Él".

Bueno, por supuesto que estaba. Aquel niño es ahora un cirujano vascular en Utah.

Me deleito en la sabiduría infantil, como la cita del niño de siete años que dice: "He aprendido que no puedes esconder el brócoli en un vaso de leche". ¿O qué tal cuando una maestra de primer grado le da la primera mitad de proverbios bien conocidos a su clase para completar?. He aquí algunos de los resultados: "Mejor prevenir que… pegarle a uno de quinto grado", o "Ataca mientras… la sabandija está cerca". Y, "Tú puedes llevar al caballo al agua, pero… ¿cómo?". Hay que amarlo.

La Escritura está llena de grandes chicos, Moisés era un bebé marinero en una canasta de caña en el río Nilo. David, el niño pastor, se encarga de un oso agresivo para proteger su rebaño. Jesús hace preguntas tuerce-cerebros de líderes eruditos en el templo cuando tiene doce. Y el niño en los evangelios trae un almuerzo para el día, y Jesús usa los cinco panes y dos peces para alimentar una multitud de más de cinco mil. Mi amigo compositor Ken Jones escribió un musical con este jovencito cantando a todo pulmón: "Si tú hubieras estado allí, cuando él tomó prestado mi almuerzo, tú también le hubieras creído". Bueno, por supuesto que lo harías.

Yo venía de una familia que tenía algunos problemas. Aunque mis padres amaban a Jesús, a largo plazo ellos encontraron difícil amarse el uno al otro, y eso salpicó nuestro hogar. Mi hogar era un lugar de tensión para mí desde la escuela intermedia en adelante. La familia de Ruth, por otra parte, tenían cinco hijos, y sus padres se disfrutaban el uno al otro. No es que ellos eran perfectos o no tenían sus luchas, pero para Ruth, la familia era una cosa muy atractiva. Ella trajo ese fundamento de amor y estabilidad a nuestro hogar. Ella edificó sobre él con su firmeza, desayunos cocinados en casa, y búsquedas del tesoro en el patio. Ruth está hecha para prescolares: el flautista de Hamelín para las personas pequeñas. Con ese don, ella continúa demostrándome que la simplicidad de asociación es de lo que se tratan los niños. Ellos saben que si se apegan a ella, van a resultar amados con juegos de mesa en el piso, rompecabezas en la mesa y panqueques redondos grandes en el plato. Muy sencillo; confían en ella.

Entrando sudoroso y cansado de un juego de tennis un día en Urbana, vi a nuestra segunda hija de cuatro años de edad, Jenny, de pie en la parte superior de las escaleras. Yo dije: "Hola, Jenny", y me volteé para soltar mi raqueta, solo para oírla gritar: "¡Atrápame, papi!". Di un giro para verla en el aire e hice lo mejor que pude para atrapar a la chica misil según se aplastaba en mi pecho un segundo después. El corazón galopando, la apreté contra mí y dije con mucho miedo: "¡Jenny, no hagas eso, te me puedes caer!". Sonriendo, oprimió su mejilla en mi cara sudorosa y susurró: "No, no lo harías. Tú eres mi papito".

Bueno, por supuesto que lo soy. Esa confianza es espectacular. Yo pude haber dudado de mí, pero Jenny no dudó de mí. Cuando ellos son amados, los niños aman de vuelta con una fiereza atrayente y desenfrenada. Es una cosa de belleza, como maravilla.

Curiosos sobre todas las cosas, los chicos encuentran maravillas en lo ordinario. Saliendo de casa una mañana en un traje de tres piezas, encontré a nuestra tercera hija, Susanna, boca abajo en la entrada del garaje mirando a una oruga peluda. Les llamábamos "gusanos lanudos". "Papi", ella dijo, "¡mira esto!". Yo me acosté boca abajo también. Estar presionado contra el cemento, ojo a ojo con un gusano lanudo, es todo un momento. Ellos tienen espigas y textura y montones de patas. Susanna solo asumió que yo encontraría una maravilla estando boca abajo en la entrada del garaje con ella.

Bueno, por supuesto que lo haría.

Esa insistente sensación de maravilla y la falta de inhibición de un niño son primos. Los niños no tienen paredes. Son narradores de la verdad sin filtros. Nuestra nieta Claire, de tres en ese tiempo, una vez me presentó a su niñera diciendo: "Este es mi abuelo y él no tiene pelo".

Bueno, por supuesto que no tengo.

Yo creo que Dios mira a los niños y ve su anhelo por estar "con", la intuición natural, la capacidad de amar sin restricciones, la curiosidad innata, y Él se ve a sí mismo. El apóstol Juan lo dice de esta manera: "*Mas a cuantos lo recibieron, a los que creen en su nombre, les dio el derecho de ser hijos de Dios*".[1] ¿Por qué él dice eso? Suena como un oxímoron. ¿Quién piensa en niños y poder en la misma oración? Jesús, aparentemente. Cuando piensas en poder, ¿quién es la persona más autoritaria en la historia de la humanidad? ¡Jesús! ¿Y quién es la persona más sumisa en la historia de la humanidad? ¡Jesús! Así que cuando Jesús dice: "...*a menos que ustedes cambien y se vuelvan como niños, no entrarán en el reino de los cielos*",[2] Él está diciendo: "Sé como yo".

Él está conectando a Belén (niño) con resurrección (poder). Él nos invita a conocer y explorar y amar sin restricción. Cuando Él lo pone de esta manera, ¿cómo podemos no hacerlo? ¿Quiero yo eso? Bueno, por supuesto que sí.

 ## La historia de Mark

Sir John Kirk, el naturalista británico del siglo XIX, dijo una vez que si por él fuera, siempre habría un niño pequeño colocado en el corazón de Londres; tal vez en los precintos de *Westminster Abbey o St Paul's Cathedral* Él creía que no se le debería permitir a nadie un asiento en el Parlamento o convertirse en un candidato para un cargo público hasta que hubiera pasado un día con ese niño, y hubiera pasado un examen de los novedosos métodos de pensamiento, sentimiento y expresión del niño. La primera vez que leí eso, pensé, ¡qué idea tan fascinante! Entonces me di cuenta de que eso es exactamente lo que hizo Jesús. Él proverbialmente posicionó a un niño pequeño en el epicentro del Reino de Dios.

Las mejores historias que he contado desde el púlpito han sido acerca de Parker, Summer y Josiah. De forma jocosa, llamo a nuestros hijos nuestras tres pequeñas ilustraciones. Hace como cinco años comencé a pagarles $5 cada vez que usara una de sus historias en uno de mis sermones. Si tiene un elemento de verguenza, ellos reciben $20. Es una divertida pequeña retribución y una forma de agradecerles por permitirme compartir un poco de sus vidas en mis mensajes. En los pasados años, les he provisto una fuente estable de ingresos por ilustración. Ellos me han suplido de una constante fuente de lecciones de vida. La forma en que toman la vida, y la manera en que ellos ven el mundo que les rodea, me enseña algo nuevo cada día. Theodor Geisel, mejor conocido como Dr. Seuss, dijo: "Los adultos son niños obsoletos". Me fascina eso. Muchísimo. Y es una relación con Cristo la que revierte los efectos del envejecimiento. Es una segunda niñez.

Después de dos programas de maestría, un programa de doctorado, y miles de horas en el salón de clases, tengo que decir que el curso más poderoso que cambia la vida, que he tomado jamás, es Paternidad 101. La escuela graduada no me enseñó una fracción de lo que ser papá me ha enseñado. Hay tantas experiencias que he tenido como papá que me han dado una ventana al corazón del Padre celestial. Hay tantos atributos que mis hijos poseen que me recuerdan los atributos de Jesús. Lo más cercano a la semejanza a Cristo es la semejanza a niño. Eso significa que hay un elemento de santidad en la rutina diaria de la paternidad.

Parte de nuestro trabajo como padres es ser estudiantes de nuestros hijos. No es solo para que los podamos amar por quienes son. No es ni siquiera para que podamos disciplinarlos de acuerdo con sus inclinaciones.[3] Es más que eso. Necesitamos estudiarlos con el fin de ser discipulados por ellos. Se llama mentoría invertida, y esto es algo que Dick y yo hemos experimentado en nuestra relación.

Durante los primeros años, nuestra relación fue una calle de una sola dirección. El conocimiento fluía en una dirección: de maestro a estudiante. Pero a través de los años, he sido capaz de enseñar a Dick uno que otro truco. Aunque sigo siendo el beneficiario primario, sin duda alguna, nunca podré devolver lo que he recibido de Dick. Pero pienso que Dick sería el primero en decir que alguno de los mejores momentos en nuestra relación han sido aquellos momentos cuando el estudiante se convirtió en maestro. Y es un testamento al carácter de Dick, que en realidad él quiere aprender de mí.

Volvamos al tema de la semejanza a la niñez.

En algún momento en la escuela secundaria, la mayoría de nosotros desarrolla una segunda persona. Es una máscara para hacernos sentir más cómodos y aceptados. Los niños aún no tienen esa segunda persona. Son totalmente ellos todo el tiempo. Tengo una teoría teológica que cuando el pecado se introdujo al mundo en el Huerto del Edén, igualmente se introdujo la conciencia del yo. Adán y Eva descubrieron que estaban desnudos, y se avergonzaron. Ellos fueron conscientes de ellos mismos, sin mencionar su pecado, de una manera que nunca antes habían estado. Las inhibiciones no son una señal de madurez espiritual. Son una señal de nuestra naturaleza pecaminosa.

En el Huerto, no solo perdimos la comunión constante con nuestro Creador; también perdimos la habilidad de ser verdaderamente nosotros mismos. Tenemos que volver a la presencia del Creador para que eso ocurra. Somos más plenamente nosotros mismos cuando estamos en la presencia del Espíritu Santo. Y somos más semejantes a Cristo cuando más cómodos estamos en nuestra propia piel.

Cuando Parker era un chico pequeño, teníamos unos amigos invitados a cenar, y él apareció corriendo en la sala gritando: "¡Capitán Calzoncillos!". Sin inhibiciones. Sin arrepentimientos. ¡Y sin pantalones! Rápidamente, Lora y yo le pusimos sus pantalones, pero nos fascinó el que Parker fue completamente y totalmente él, compañía o no compañía en la casa. Los niños son capaces de navegar por la jornada de la vida en el nivel más verdadero. Ellos son capaces de hallar alegría cada día, siendo exactamente como Dios los creó. Cuando tú estás en la presencia de Dios, tú puedes hacer lo mismo. Puedes vivir tus días desinhibido, donde tú eres plenamente tú y plenamente en el momento.

Los niños son desinhibidos. Los niños también son inquisitivos.

El escritor Ralph B. Smith una vez hizo una observación de que los niños hacen aproximadamente 125 preguntas al día, y los adultos hacen alrededor de 6 preguntas al día, así que en algún lugar entre la infancia y la adultez, perdemos 119 preguntas al día. La curiosidad innata del niño acerca de la vida es inculcada en ellos al nacer, por Aquel que anhela ser descubierto. Mientras más preguntas ellos hacen, más descubren acerca del mundo que les rodea. Mientras más descubren acerca del mundo que les rodea, más descubren acerca de Él que los creó a ellos.

Una de las grandes lecciones que he aprendido de mis hijos es la compasión de antes, pasada de moda. Nosotros estamos rodeados por una gran comunidad de personas sin hogares en Washington, DC, y es fácil pasar indiferente ante aquellos que piden dinero. Una manera en la que contrarrestamos esta tendencia es preparando comida todos los sábados en la noche para nuestro ministerio de personas sin hogares. Nuestros niños tienen, ciertamente, sus momentos de egoísmo como cualquier otra persona, pero no hace mucho caminábamos hacia la casa, luego de una reunión en la iglesia, y Josiah me haló la manga. "¿Viste a ese hombre por el cubo de basura?", preguntó. Honestamente, no me había dado cuenta. Así que volvimos, y me incliné al suelo para poder estar al nivel de los ojos de aquel hombre. Le pregunté su nombre y de qué manera le podíamos ayudar. Lo mismo ha ocurrido en muchas ocasiones. Cada vez soy desafiado a ser más compasivo, como mis hijos.

Mis hijos me estiran, ya sea Parker desafiando mi miedo a las alturas con el parapente sobre el Valle Sagrado en Perú, o Summer desafiándome con su amor por los huérfanos. Cuanto más ellos reflejan el corazón del Padre celestial, más yo quiero reflejar el amor del Padre celestial. Mientras sirvo como su mentor, ellos se convierten en mis mentores. Sus cualidades semejantes a niños me animan a ser como Cristo. Su pasión por la vida, su capacidad de ser ellos mismos, su amor por descubrir, y su compasión innata me inspiran diariamente.

Una cosa es segura: cuando yo sea grande, quiero ser exactamente como ellos.

Lo más cercano a ser semejante a Jesús es ser semejante a un niño.

18

Vivo a Plenitud

> ### La historia de Dick

El verano que terminé la escuela graduada en *Wheaton College*, Ruth y yo regresamos a California para trabajar con su papá. Padre Blake, como yo lo llamaba, me tomó bajo sus alas y empezó a mostrarme la vida. Un día me envió al hospital a visitar a la Sra. Albrecht, una anciana miembro de la iglesia. Cuando regresé, lo encontré pintando una pared en el corredor entre la oficina y el santuario. El trabajo físico era su posición por defecto. Aclaré mi garganta y dije: "Padre Blake, acabo de ver a la Sra. Albrecht en el hospital. Ellos dicen que ella es terminal". Hablando a la pared, tiró pintura con el rolo y simplemente dijo: ¿No lo somos todos?".

Terminal no es la manera en que queremos pensar sobre nosotros. Inmortal es lo que nos gusta. Como niños, la vida está dondequiera. Como adolescentes, somos invencibles. Como adultos jóvenes, estamos en una misión para encontrar nuestro nicho en el mundo. La realidad de la muerte es extraña. Está allá lejos. Pero la muerte tiene dos características que la definen: dada e inevitable. Todos nacen. Todos mueren. Hasta donde yo sé, solo Enoch y Elías salieron del planeta de una manera diferente. Nuestras posibilidades no son tan buenas.

De hecho, cuando le hemos dado la vuelta al Sol unas cuantas docenas de veces, empezamos a contar en términos de los años que nos quedan. La muerte viene, y si estamos dispuestos a enfrentarla, nos podemos enfocar en la aventura del ahora.

Una vez la muerte se acerca, la vida se vuelve preciosa. A la edad de tres, casi morí por complicaciones de la fiebre escarlata. Mis padres estaban supuestos a abordar un barco hacia la India desde Nueva York, y en vez de eso estaban enviándoles cables a los amigos y a la familia en medio de la noche para que oraran por Dickie, como me llamaban. Esas oraciones fueron contestadas.

Un año después, estaba luchando una malaria maligna en las colinas del sur de India. Después de tres días en un delirio con 105 grados de temperatura, me dijeron que me volteé hacia mi mamá y dije: "Mami, me voy a casa". Ella recostó su cabeza en la cama, lloró, sin saber si yo quería decir casa en Estados Unidos o mi morada celestial. Un toque en la puerta anunció a una dama anglicana que dijo que sintió que tenía que orar por mí. La fiebre rompió esa noche. Solo recuerdo vagamente aquellos momentos. Lo que recuerdo con gran claridad, sin embargo, es un atardecer en noviembre de 1958 en *Fremont High School* en Oakland. Me había ganado la parte de John Proctor en la obra de Arthur Miller, *The Crucible*, en cuarto año, y trabajaba en mis líneas con un amigo. Me tomé un descanso, y estaba demostrando mi conocimiento de cómo ahorcarse lo hacían verse realista en televisión. Me paré en una silla y dije: "Déjame mostrarte cómo se hace esto". Agarré una cuerda de media pulgada de gruesa que colgaba de la parrilla sobre nosotros, la amarré alrededor de mi pecho, entonces la enlacé en torno a mi cuello. Dejé cierta longitud para que cuando quitara los pies de la silla, mis pies todavía tocaran el piso. Los planes mejor trazados. Cuando quité los pies de la silla, toqué el piso por un segundo…hasta que la elasticidad de la cuerda tiró de mí hacia arriba como una pulgada. Sentí una aguda presión alrededor de mi garganta, entonces nada. En este punto de la historia, se lo dejo a mi amigo, ahora un psicólogo en Tennessee, quien en nuestra quincuagésima reunión de exalumnos en el Hotel Claremont, en Berkeley, California, recordó el incidente.

"¿Recuerdas", preguntó él, "aquella vez en el escenario cuando casi te ahorcaste?". Contesté que sí. "Tú sabes", dijo, continuando con la historia, "yo te bajé. Yo te miraba y tu cara se puso púrpura. Empezaste a moverte como un péndulo, y yo pensé: 'Chico, ¡eso es realista!'. Entonces de repente me di cuenta de que estabas inconsciente. Tenías el peso de un muerto. Yo intentaba levantarte, y gritaba para que alguien ayudara".

Lo próximo que recuerdo es que estaba volviendo en mí y luchando por respirar. Ese amigo salvó mi vida. Estoy en deuda para siempre. Durante las próximas dos semanas tuve que explicar mi collar de quemadura de cuerda.

Algunos roces con la muerte dejan más marcas que otros. Algunas marcas se queman en nuestros cuellos y otras se queman en nuestras almas. Aquellas marcas pueden cambiar la manera en que vemos la vida, y cómo vivimos la vida.

Cuando somos tocados por lo eterno, eso nos da el ahora de una manera que nada más nos lo da. C. S. Lewis dijo: "Si lees historia, encontrarás que los cristianos que más hicieron por el mundo presente fueron justo aquellos que más pensaron en el próximo".[1] Una de las cosas acerca del envejecimiento que se vuelve real con rapidez es que el reloj va marcando con su tic-tac. Yo estoy mucho más cerca de la muerte ahora que cuando apenas me le escapé a mis tres años.

Billy vivía en una casa lujosa en Chicago en la década de 1890. En un servicio en *Moody Church*, cuando tenía ocho, le dio lo que sabía de él a lo que podía entender de Jesús. Ocho años más tarde, a los dieciséis, su padre lo envió en un viaje alrededor del mundo para exponerlo a otras culturas. Él regresó cautivado por los pobres y las necesidades desesperadas de millones. Su padre no estaba complacido con esto porque había planeado que Billy se hiciera cargo del negocio familiar. Billy Borden era el heredero *de Borden Dairy Company*. Cuando Billy se matriculó en la Universidad de Yale en el 1904, ya era multimillonario. Durante el transcurso de cuatro años, se convirtió en un líder del campus, empezando muchos grupos pequeños de oración y estudio bíblico. Para cuando se graduó, se dice que 1.000 de los 1.300 estudiantes de Yale eran parte de esos grupos.

Su sueño era trabajar con la población musulmana del norte de China, pero sintió que un conocimiento práctico del árabe sería esencial. Se fue a Cairo para ese propósito, pero allá contrajo meningitis espinal. Borden de Yale, como se le daría a conocer, murió a la edad de veinticinco. Algunos creyeron que era una lástima que una vida con ese potencial hubiera sido tronchada. Pero uno de sus colegas de Yale, cuando escuchó ese comentario, simplemente dijo que una vida totalmente rendida a Jesucristo nunca podría ser tronchada. ¡Siempre sería bien vivida!

Cuando Borden tomó la decisión de dar su vida a las misiones, escribió esta frase: "No hay reservas", en la parte de atrás de su Biblia con la fecha al lado. Al rechazar una oferta de trabajo de Yale, agregó la frase: "No hay retirada". Entonces poco antes de su muerte, agregó otra frase más: "No hay remordimiento".

No hay reservas. No hay retirada. No hay remordimiento. Ese es el legado Borden.

Uno de estos días, alguien te va a decir: "Foth murió". Pero no le creas. Mi cuerpo solo se desprendió. El verdadero Foth sigue adelante para siempre. Todavía creo que los días terrenales pueden tener impacto eterno. El apóstol Pablo lo dice bien: *"sigo avanzando hacia la meta para ganar el premio que Dios ofrece mediante su llamamiento celestial en Cristo Jesús"*.[2] La vida es corta. Hagamos que cuente. Que se diga de nosotros, cuando nos hayamos ido: "¡Esa fue una vida bien vivida!".

 ## La historia de Mark

Mientras enseñaba en la Universidad de Pennsylvania, Tony Campolo convirtió una conferencia ordinaria en una inolvidable lección de vida para uno de los estudiantes que estaba sentado en la primera fila. Él le preguntó: "Joven, ¿cuánto has vivido?". El estudiante le dijo: "Veintitres años."

Tony dijo: "No, no, no. Eso es cuánto tu corazón ha estado bombeando sangre. Eso no es cuanto tú has vivido." Entonces Tony contó una historia de su primera visita al *Empire State Building* en el 1944. En el momento, era el edificio más alto en el mundo. Él tan solo tenía nueve años de edad, pero setenta años más tarde es una memoria inolvidable. A sus nueve años, Tony corrió alrededor de la plataforma de observación disfrutando la vista. Entonces se agarró a él mismo, y se dijo: "Tony, estás encima del *Empire State Building*". En ese momento mágico, el tiempo se detuvo. Tony dijo: "Si yo fuera a vivir un millón de años, ese momento seguiría siendo parte de mi conciencia por la forma en la cual lo viví. Estaba vivo a plenitud".

Entonces Tony le dijo al estudiante de la primera fila: "Ahora déjame hacerte la pregunta otra vez. ¿Cuánto has vivido?". El estudiante lo volvió a mirar y le dijo: "Dr. Campolo, cuando usted lo dice de esa manera, tal vez una hora, menos que eso, tal vez un minuto, tal vez dos minutos. La mayor parte de mi vida ha sido el paso insignificante por el tiempo, entre los demasiado pocos momentos que estuve genuinamente vivo".[3] La vida no se mide en minutos. Se mide en momentos. Es la administración de los momentos. Pienso que ese es el sentimiento detrás de la exhortación del salmista: *"Enséñanos a contar bien nuestros días, para que nuestro corazón adquiera sabiduría"*.[4] En otras palabras, haz que cada día cuente. Justo antes de cumplir sus cien años, el legendario entrenador de baloncesto, John Wooden, reflexionó en su filosofía de vida: "Haz que cada día sea una obra maestra. Habrás logrado la clase más importante de éxito, a saber, llegando a ser el mejor que eres capaz de ser".[5] Cuando haces esto mientras las semanas, y los meses y los años… se despliegan detrás de ti, tendrás la más profunda satisfacción personal de saber que tu vida realmente ha significado algo.

Así que, ¿cómo tú cuentas tus días?

Pienso que hay una dimensión literal en esta exhortación. Yo cuento mis bendiciones, literalmente enumerándolas en mi diario, y trato de hacer lo mismo con mis días. Es tan simple como multiplicar tu edad por 365, entonces sumarle la cantidad de días desde tu cumpleaños más reciente. Mientras más alto el número, más apreciarás el hecho de que Sus misericordias son nuevas cada mañana.[6]

Hablando en sentido figurado, nosotros contamos nuestros días manteniendo los ojos en la eternidad. Tenemos un destino común: un día estaremos parados frente al trono de Dios. Así que cada momento debería ser vivido a la luz de la eternidad. El desafío, según el filósofo francés del siglo XVII, Blaise Pascal, es que: "Nuestra imaginación magnifica tanto esta existencia presente mediante el poder de la reflexión continua sobre ella, y atenúa tanto la eternidad no pensando en ella en lo absoluto, que reducimos una eternidad a nada, y expandimos lo que es nada en eternidad."[7] En otras palabras, pensamos tanto en el presente y tan poco en la eternidad, que convertimos la eternidad en nada y nada en eternidad.

Dos años atrás, Lora y yo estábamos tomando café con mi cuñado, Matt, y la hermana de Lora, Amanda. Un mes antes, de la nada, Matt había sido diagnosticado con un defecto congénito en el corazón. Él hizo una visita de rutina al doctor, y la próxima cosa que se sabe es que le están programando una cirugía de corazón abierto. Matt tenía veintinueve años al momento. Le habían dicho que cuando fuera al hospital, el cirujano le iba a abrir el pecho y le pondría una válvula nueva. Existía entre un .2 y .4 por ciento de probabilidad de que muriera. Amanda ya había perdido a su papá en sus años de adolescente. Ella no estaba preparada para perder a su esposo en su veintes. Pero cuando le pregunté a Matt cómo se sentía, él dijo: "Este es el mejor regalo que jamás me han dado". Su vida había sido radicalmente cambiada por este pronóstico. Él dijo: "Cualquier momento en que no estoy leyendo mi Biblia u orando, siento que estoy perdiendo mi tiempo".

La muerte pone la vida en perspectiva.

Una noche, no hace mucho, manejábamos cerca del *Washington Hospital Center* en el centro de DC. Me volví a mi hijo mayor, Parker, y le dije: "Allí fue donde tu papá casi murió". Lo dije de una manera terminante, pero la muerte es terminante. Se necesitan agallas. Lo despoja todo hasta los clavos. Lo que más importa queda revelado. Lo que es verdaderamente importante se convierte en el centro.

Cuando casi morí por la ruptura de los intestinos, no solo fue un milagro médico lo que ocurrió en aquel hospital. Fue un cambio de alma. Cuando entendí que había recibido una segunda oportunidad de vivir, me llené de un nuevo sentido de agradecimiento. Es mucho más difícil tomar la vida por sentado cuando te das cuenta de cuán rápido te la pueden arrebatar. G. K. Chesterton dijo que su meta en la vida era no tomar nada por sentado – ni un amanecer, ni una sonrisa, ni una flor, nada. Ese es un enfoque verdaderamente maravilloso de la vida. No tomes nada por sentado. Aprecia verdaderamente cada minuto que tienes para vivir. Mi experiencia cercana a la muerte me ha ayudado a ser mejor en eso. Si casi no me hubiera muerto, no hubiera descubierto cómo vivir. Cuando estaba en mis veintes, resistía la idea de envejecer. Quería ser un chico joven para siempre. Pero cuanto más viejo me pongo, más aprecio cada vuelta alrededor del Sol porque estoy acumulando evidencia irrefutable de la bondad de Dios, de la fidelidad de Dios. Como Chesterton supo, cada amanecer, cada atardecer, cada luna llena añade riqueza a mi vida. No es que me estoy poniendo más viejo con cada cumpleaños; es que estoy añadiendo más a mi vida con cada año que pasa. Hay algo acerca de ser amigo de alguien que tiene tres décadas más que yo, que ha eliminado el miedo a envejecer. De hecho, lo acepto porque veo las ventajas de la edad. Y justo en la parte superior de la lista está ser testigo de la fidelidad de Dios que abarca las décadas.

Recientemente, regresé a mi pueblo natal en Naperville, Illinois, con nuestra familia. Fuimos en coche por toda la ciudad mostrándoles a los niños los viejos lugares donde pasábamos el rato: la vieja escuela, la antigua iglesia, donde me dieron mi primer boleto, y donde me dieron el primer beso. Con cada sitio que visitamos, era como Dios gritándome: "¡Yo soy fiel!".¡Y Él lo gritaba más alto y más alto en cada vuelta alrededor del Sol!

La mayoría de la personas celebran un cumpleaños, pero yo celebro dos. El 5 de noviembre es mi primer cumpleaños, pero mi segundo cumpleaños es el 23 de julio. Ese es el día cuando recibí mi segunda oportunidad de vida luego de estar dos días en un respirador, aferrándome a la vida. Para ser honesto, mi segundo cumpleaños es aún más significativo para mí que mi primer cumpleaños. A la fecha de escribir este libro, tengo catorce años de edad. Y así es como me siento. Cada vez que me topo con una situación difícil, vuelvo al 23 de julio y pienso: "Yo he estado peor de lo que estoy ahora, yo he pasado por tiempos más difíciles. Esto puede ser malo, pero todavía estoy respirando". Cuando te encuentras con la muerte cara a cara, estás obligado y determinado a verdaderamente vivir. De hecho, me encantaría vivir hasta los cien. Probablemente, soy el candidato menos probable dado mi historial médico. Pero no importa cuánto viva, voy a exprimirle a cada día la mayor cantidad de aventura que pueda. Martin Luther vivió su vida con este mandato pulsando por sus venas: "Predica (y vive) como si a Jesús lo hubieran crucificado ayer, se hubiera levantado de los muertos hoy, y fuera a regresar mañana". Me encanta el sentido de urgencia en ese sentimiento. Y es esa clase de urgencia que típicamente acompaña a una vida que es bien vivida. Solo Dios conoce tu número asignado de días. Pero es tu trabajo redimir el tiempo.[8] Tú no puedes elegir el resultado final de tu vida, pero tú sí escoges tu perspectiva. Escoge gratitud. Escoge aventura. Escoge riesgo. Escoge vida.

Deja de vivir como si el propósito de la vida fuese llegar con seguridad a la muerte. Deja que hoy sea tu segundo cumpleaños. El mañana no está garantizado; haz que el día de hoy cuente. Conviértelo en tu obra maestra.

Vive como si a Cristo lo hubieran crucificado ayer, se hubiera levantado de los muertos hoy, y fuera a regresar mañana.

19

Linaje y Legado

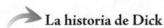 **La historia de Dick**

Linaje y legado no son lo mismo. Pueden estar vinculados, pero no son sinónimos. El linaje es dado. El legado es regalado. Tenemos dos corrientes de linaje en nuestro matrimonio: Foth/Boyd y Blakeley/Presnell. Gerhard Foth llegó a Michigan de Polonia en la década de 1890, y los Boyd aparecieron quién sabe cuándo en los 1800 de Irlanda del Norte. Las familias Blakeley y Presnell, por otro lado, vivían a unas pocas millas de distancia en Carolina del Norte a fines del 1760, pero no se conocían entre sí. A medida que América se encaminó a California, así hicieron nuestras familias.

En el 1933, Oliver Foth se casó con Gwen Boyd en el sur de California. Roy Blakeley se casó con Opal Presnell allí en el 1938. De aquel linaje, los dos legados que me han impactado más son de Gwen, mi madre, y Roy, mi suegro. Ella con su firmeza de carácter. Él con su gracia.

Primero conocí a Roy Blakeley cuando yo tenía diez años. Habíamos llegado a casa desde India hacía tres años, y fui a mi primer campamento de verano para niños. Enclavado entre imponentes sequoias, el lugar era rústico con literas que estaban bien y comida que seguramente no era de Mamá. El orador, sin embargo, era algo.

Roy se apareció vestido en fatigas del ejército de la Segunda Guerra Mundial con un revólver .38 en su cadera. Él era un ventrilocuo y tenía un muñeco llamado Jimmy. Claramente, a Roy le gustaban los niños. Parecía pensar que realmente éramos personas.

Me sentaba en la primera fila en la reunión cada noche porque me gustaba Jimmy, y me emocionaba cuando Roy disparaba su .38. Tenía balas blancas, por supuesto, pero cada vez que lo hacía, yo casi saltaba fuera de mi piel. Era creativo, atractivo, afirmativo, estable y presente. Me encantaba estar cerca de él. Diez años más tarde me encantaba estar cerca de su hija Ruth.

En la Nochebuena de 1962, con una modesta sortija de compromiso metida en una caja pequeña dentro de otra caja dentro de otra caja dentro de una caja grande, conduje 110 millas desde Santa Cruz, California, al pueblo agrícola de San Joaquín de Modesto. El aire nocturno estaba frío cuando llamé a la casa de los Blakeley desde una estación de gasolina fuera de la Carretera 99. Sorprendido cuando Ruth contestó, disfracé mi voz y dije: "¿Puedo hablar con el Pastor Blakeley, por favor?". Mi corazón golpeó rápido y fuerte en mi pecho. "Lo busco", dijo ella.

Su característico "¿Hola?" de tres tonos fue lo próximo que oí. Dije: "Pastor Blakely, es Dick. No deje que Ruth sepa que soy yo". Él dijo: "Sí, señor, entiendo". Yo dije: "Necesito hablar con usted. ¿Me puede encontrar en el estacionamiento de la Escuela Stanislaus?". Él dijo: "¿Es una emergencia?". "Sí, tengo un problema de corazón". Él dijo: "Voy de inmediato". Y colgó.

Quince minutos más tarde, condujo una camioneta maltratada hasta el estacionamiento de la escuela. Un agricultor de corazón, llevaba una sudadera, kakis arrugados, y una gorra grasosa. Trepándome en el asiento de pasajero dije: "Gracias por venir". "Contento de venir", me dijo. Entonces solté: "Yo solo quiero que sepa que de verdad amo a su hija, Ruth". Él sonrió y dijo: "Nosotros la queremos también". Yo dije: "Me gustaría casarme con ella". Él dijo: "Bueno, eso se puede arreglar". Yo dije: "Pero yo estoy asustado porque, como usted sabe, mis padres han luchado en su matrimonio. Yo no pienso que vayan a lograrlo, y tengo miedo que tal vez es hereditario o algo". Él dijo: "Yo entiendo". Con gran bondad en sus ojos, puso su mano en mi hombro y dijo: "Dick, ¿por qué no amas a Jesús y a Ruth, y Opal y yo caminaremos contigo?. Todo va a estar bien. Yo confío en ti".

Esas palabras voltearon mi mundo. Esa expresión de confianza fue el primer plazo del legado que recibiría durante los próximos treinta años.

Roy nunca entendió qué no se podía hacer. Empezó una de las primeras escuelas evangélicas privadas en Modesto. Lanzó viajes de misiones a México en la década de 1960 para que estudiantes de escuela secundaria y universitarios trabajaran con los pobres. Construyó un centro de retiro para envejecientes con dinero de HUD. Ayudó a familias rusas a inmigrar a Estados Unidos. Para sus cinco hijos y veintitres nietos, modeló visión y gracia. Yo observé cómo lo hacía. He estado practicando por más de cincuenta años. No he llegado allá.

Cuando Gwen Boyd se casó con Oliver Foth de seis pies con dos pulgadas en el 1933, empezaron un viaje que los llevó al norte de California, al sur de India, al oeste de Missouri, y de regreso a California. Eran personas talentosas, de alto impacto. Mi hermana y yo éramos privilegiados por estar en su hogar. Pero con el tiempo, las cosas se revelaron. Cuatro meses después de casarme con Ruth en el verano de 1963, recibimos una carta de mi papá diciendo que estaba dejando a mi mamá.

Ella tenía cincuenta y tres años de edad y nunca había trabajado fuera del hogar. Era brillante y talentosa, una pianista y organista consumada. Sus destrezas de sobrevivencia de la Gran Depresión, la Segunda Guerra Mundial, y la vida como una expatriada en el sur de India la sacudieron. Se mudó al sur de California cerca de mi hermana, y se enseñó a sí misma a escribir maquinilla. Con esa destreza la reclutaron en *Huntington Memorial Hospital* en Pasadena como oficinista de admisiones, y trabajó allí hasta los setenta y un años. A ese punto, la administración le dijo: "Gwen, has sido buenísima, pero tienes que parar". Después de eso cruzó la calle a una facilidad de vida asistida más bien elegante, consiguió un trabajo, y allí estuvo hasta los ochenta y dos años. Ella vino de la generación que creció en el deber, la responsabilidad y en "hacer lo que se necesitaba hacer".

Su amor por Jesús, su familia y su música la mantuvieron en pie. Su humor la mantuvo cuerda. Los Boyd siempre fueron reidores, y aunque ella no se podía reir ante sus circunstancias, se reía en ellas. Aún después de los noventa y cinco, cuando la demencia empezó a visitarla, el humor triunfaba. En su nonagésimo sexto cumpleaños, la llamé desde Washington, DC diciendo: "Hola, mamá, es Dick". Por respuesta, se viró hacia alguien y dijo: "Mi hermano está en el teléfono". Ella tenía cuatro hermanos, ninguno de quienes se llamaba Dick. Yo dije: "Mamá, este es Dick, tu hijo". Ella exclamó: "¡Dick, querido! Tú vives por allá, verdad?". Yo dije: "Sí, vivo en Washington, DC". Ella dijo: "Tú sabes, yo tengo un hijo en Washington, DC". "Ese soy yo, Mamá", dije. A ese punto, ella se rió: "Debe haber dos de ustedes". La demencia no es divertida, pero mi mamá era divertida.

Ella tenía grandes genes, y tomó muchos años para que la edad la alcanzara. Alos noventa y dos todavía conducía por las autopistas de California. Ella llevaba bien su edad. Debías haberla visto. Mamá murió en agosto de 2010 a los cien años de edad. Ella nació en el 1910, cuando Taft era presidente y había solo mil millas de carreteras pavimentadas en el país entero. En su siglo, vio dos guerras mundiales, la Gran Depresión, y la llegada de carros, viajes aéreos, películas de cine, televisión, tarjetas de crédito, y Dr. Seuss. Sobrevivió el rechazo de un esposo escondiéndose en el amor de Dios. Me enseñó cómo vivir con propósito a través del dolor, y todo el tiempo bendijo a quienes estaban cerca de ella. Gwendolyn Vance Boyd Foth era la definición de valor de ley".

Las palabras de Pablo en Romanos 8 lo resumen con precisión:

> *¿Quién nos apartará del amor de Cristo? ¿La tribulación, o la angustia, la persecución, el hambre, la indigencia, el peligro, o la violencia? Sin embargo, en todo esto somos más que vencedores por medio de aquel que nos amó* (vs.35, 37).

Mamá fue más que una sobreviviente, tan grande como es eso.Mi madre fue una vencedora. ¡Qué legado!

San Francisco de Asís captura mejor la idea del legado como regalo en una afirmación: "Recuerda que cuando dejas esta tierra, no puedes llevarte nada que hayas recibido… pero solo todo lo que has dado".[1]

Gwen Foth y Roy Blakeley me dieron legados gemelos: firmeza y gracia. ¡Yo quiero vivir esos legados!

La historia de Mark

La neuroimagen ha mostrado que, a medida que envejecemos, el centro de gravedad cognitiva tiende a desplazarse del cerebro imaginativo derecho al cerebro lógico izquierdo. Esa tendencia neurológica presenta un serio problema espiritual: en algún momento, la mayoría de nosotros dejamos de vivir de la imaginación y comenzamos a vivir de la memoria. En vez de crear el futuro, repetimos el pasado. En vez de vivir por fe, vivimos por lógica. Pero no tiene que ser así. Dick me ha enseñado eso.

A sus setenta y dos, Dick tiene sueños más grandes que nunca antes. Este libro es uno de ellos.¡Y él ya está trabajando en el próximo! Dick también está encontrando nuevas formas de multiplicar su influencia a través de ser mentor. Recientemente lanzó una última lluvia de ideas con un nivel de emoción típicamente reservado para alguien que se acaba de ganar la lotería. Es una aventura de cuarenta y ocho horas con Dick y Ruth que incluye un montón de conversaciones de Dios, y de la vida, y del amor, el pastel de manzana *a la mode* hecho en casa por Ruth, y tal vez hasta escalar la montaña *Horsetooth*, como Foth y yo hicimos hace algunos años.

A medida que envejecemos, una de dos cosas ocurre: la memoria se apodera de la imaginación o la imaginación se apodera de la memoria. La imaginación es el camino menos transitado, pero es el camino que Dick Foth ha escogido caminar. Tal vez esté treinta años detrás de él, pero me gustaría seguir a Foth como él sigue a Cristo. Es difícil reducir a un hombre del Renacimiento a un eslogan, pero para mí, el legado de Dick Foth es este: él lo convierte todo en una aventura. Cada relación. Cada circunstancia. Cada día.¡Una aventura tras otra!

La vida es un ensayo general. La gran aventura nos espera cuando crucemos el continuo espacio-tiempo y entremos a una realidad que la Biblia describe simplemente como el cielo. ¿Pero por qué no saltar para allá ahora? Una herencia consiste de las cosas tangibles que dejamos atrás.

Un legado es las cosas intangibles que dejamos atrás. Mis abuelos, Elmer y Alene Johnson, dejaron ambos. Mi abuela sobrevivió a mi abuelo por casi dos décadas. Ella sobrevivió con el Seguro Social y un escaso retiro, pero de alguna manera se las arregló para dejar una herencia que pagó mis préstamos estudiantiles de un solo golpe. Estoy agradecido por esa herencia, pero más que eso, estoy agradecido por el legado que ellos dejaron. Uno de mis primeros recuerdos es escuchar a abuelo Johnson orar por mí. Él no podía escucharse orar a sí mismo, pero el resto de las personas en la casa podía oírlo. ¿Mi más preciada posesión? La Biblia de estudio de mi abuelo, una *Thompson Chain-Reference 1934*. Nunca he visto una Biblia tan bien leída, tan bien usada, tan bien vivida; las páginas estaban literalmente pegadas con cita adhesiva. Es cierto el viejo dicho: "Si la Biblia de alguien está hecha pedazos, su vida probablemente no lo está". Yo quiero dejarles a mis hijos y nietos una herencia, pero más importante, quiero dejarles una Biblia bien leída, bien usada, bien vivida.

Cuando el Presidente Franklin Delano Roosevelt murió, la Primera Dama Eleanor Roosevelt tuvo consuelo en un poema que uno amigo le dio:

No están muertos aquellos que viven en las vidas que dejaron atrás: En aquellos a quienes bendijeron, ellos viven la vida otra vez.[2]

Esto es verdaderamente cierto de mi pastor y suegro, Bob Schmidgall.

La primera vez que lo conocí, yo era un chico de trece años. Eran las dos de la madrugada y yo estaba en la unidad de cuidado intensivo de *Edward Hospital* en Naperville, Illinois. Cuando los doctores emitieron el alerta azul, mis padres llamaron al teléfono de la casa de los Schmidgall. Solo habíamos ido a *Calvary Church* unas pocas veces, pero eso no lo detuvo de ir al hospital a orar por mí en la madrugada, sin hacer preguntas. Casi una década después, yo pediría la mano de su hija en matrimonio. Mi pastor se convirtió en mi suegro.

Mi suegro era uno en su clase. Tenía una personalidad difícil de precisar. Pero cuando estabas con él, sabías esto: a él le encantaba reír, amaba la vida, amaba su familia, y amaba a Dios con su corazón, alma, mente y fuerzas. Tengo muchos recuerdos de papá. Lo recuerdo haciendo los crucigramas del *Chicago Tribune* todos los días. Recuerdo su famoso gancho de disparo desde la línea de tiro libre. Lo recuerdo riéndose a carcajadas hasta que su cara se ponía roja, o chocolate caliente le salía por la nariz. Recuerdo ir a los juegos de los *Bulls* durante la época de Michael Jordan. Y recuerdo amarrarme el cinturón de seguridad cada vez que yo era el pasajero en el carro que él conducía. Sin embargo, lo más que recuerdo es la manera en que su presencia, de alguna forma, hacía significativos y memorables aun los momentos más comunes o rutinarios.

Cuando falleció de un ataque al corazón, dos años después de estar plantada nuestra iglesia, nos tomó por sorpresa. Dejó en nuestros corazones un hueco más grande que la vida. Lora perdió a su papá y yo perdí a mi mentor. Sentía que necesitaba más años con él. Para absorber su sabiduría. Para recibir su bendición. Para recoger su cerebro acerca de la familia y de comenzar una iglesia. Cien veces desde entonces, le he dicho a Lora: "Me pregunto qué haría papá" o "Me pregunto qué pensaría papá" o "Quisiera que papá pudiera estar aquí ahora."

El legado es la esencia de una persona; sus esperanzas, sus sueños, sus pasiones. Es la parte de su personalidad, su carácter que tú quieres imitar. Las personas que tienen más influencia en nuestras vidas crean un contexto contra el cual nos juzgamos a nosotros mismos. Mi contexto es mi suegro. Él fue un pastor visionario. Un líder de servicio. Un guerrero de oración.

Hace algunos años escribí un libro titulado *The Circle Maker (El Hacedor de Milagros)*, que Dios ha bendecido más allá de mis más grandes sueños. Se lo debo a mi suegro. Mi página favorita en ese libro es la página de la dedicatoria: "A mi suegro, Bob Schmidgall. El recuerdo de ti, arrodillado en oración, vive para siempre, así como tus oraciones".[3] Escribí un libro sobre la oración. Mi suegro escribió el libro. Nunca he conocido a alguien que orara con más consistencia o intensidad. Él doblaba sus rodillas antes que amaneciera. Y cuando ponía sus enormes manos de granjero en tu cabeza para orar por ti, y oraba desde lo profundo de su alma, tú sentías que no había manera de que Dios no te contestara.

Bob Schmidgall soñaba sueños tamaño Dios. Pero aún cuando *Calvary Church* creció en los miles, él nunca dejó de ponerse la toalla en la cintura y lavar los pies. Ningún sueño era demasiado grande, pero ninguna tarea era demasiado pequeña. Esa única combinación de líder y servidor lo hicieron quien él fue. Aun cuando sus responsabilidades y oportunidades se expandieron, él se mantuvo como el servidor humilde. Recuerdo estar caminando con él por los predios de la iglesia, y verlo agacharse para recoger unos pedacitos de papel del piso. Los tiró al cubo de la basura cuando salimos por la puerta. La iglesia tenía todo un personal de limpieza. Era el trabajo de ellos limpiar la iglesia, pero él vivía el liderazgo de servicio cada día, de una manera tangible.

Cuando Lora crecía, muy rara vez su papá conducía cerca de un conductor varado, sin pararse a ver cómo le podía ayudar a cambiar una goma desinflada, hacer arrancar una batería o llevarlos a algún sitio. Lora ocasionalmente protestaba durante su adolescencia, pero es una de esas buenas cualidades de bondad, fuera de moda, que más apreciamos ahora. Veo en ella el liderazgo de servidor de su papá cuando está preparando almuerzos para nuestro ministerio para personas sin hogar, los sábados en la noche. Veo su corazón por las misiones en mi cuñado, Joel Schmidgall, quien sirve como nuestro pastor ejecutivo. Para el récord, Joel era uno de los asistentes de campo de Dick antes de unirse al equipo de NCC. Si cierro mis ojos cuando está predicando, ¡juraría que es mi suegro! Él también heredó el enorme corazón de su padre para las misiones. NCC dio $1.8 millones a las misiones el año pasado, y este año haremos treinta y tres viajes misioneros. Sencillamente estamos viviendo el legado que se nos dejó.

Una de las idiosincracias de mi suegro que yo he importado en mi vida es siempre contestar el teléfono cuando llaman mi esposa y mis hijos. No importa con quién esté o lo que esté haciendo, quiero que ellos sepan que nunca son una interrupción. En pequeñas maneras y grandes maneras, mi vida es un reflejo de su vida. Yo le he pedido a Dios el privilegio de pastorear una iglesia toda mi vida. ¿Por qué? Porque vi eso modelado por mi suegro. Yo vi lo que Dios puede lograr si te plantas en un solo lugar por treinta y un años, y dejas que tus raíces crezcan profundo.

Una larga obediencia en la misma dirección. Eso fue lo que papá modeló día y noche, semana tras semana. Él resistió las tormentas; resistió el conflicto; resistió los altos y bajos; resistió los éxitos y los fracasos. Es impresionante cuánto puedes lograr si te arrodillas, mantienes tus ojos fijos en Cristo, y te mantienes caminando hacia adelante.

Cuando mi suegro murió, seis mil personas presentaron sus últimos respetos en el velorio. Muchos de ellos eran personas a quienes él había pastoreado por tres décadas. Algunos de ellos ni siquiera le habían conocido, pero su programa radial impactó sus vidas. Ellos vinieron a honrar su vida y su legado. La escolta de la Policía nos dijo, más tarde, que cuando el coche fúnebre entró al cementerio, todavía había carros saliendo de la iglesia, a cinco millas de distancia. Ese es su legado: cinco millas de influencia.

Nuestra singularidad es un regalo de Dios. Y nuestra singularidad es el regalo que le devolvemos a Dios. Cuando yo esté en la presencia de nuestro Padre celestial, Él no va a decir: "¿Por qué tú no fuiste más como Dick Foth o Bob Schmidgall?". Él va a decir: "¿Por qué tú no fuiste más como Mark Batterson?". Cada uno de nosotros es un original de uno-en-su-clase. Pero esto sé de seguro: yo no sería quien soy sin la corriente de influencia de ellos en mi vida. Elmer Johnson. Dick Foth. Bob Schmidgall. Ellos son mi nube de testigos. Cada uno me dejó una estela amplia y maravillosa para seguir. Eso es legado en su máxima expresión.

**No dejes tan solo una herencia.
Deja un legado.**

20

Dos Pulgares Arriba

 La historia de Dick

Epitafio significa "sobre la tumba". Identifica el "quién" y a veces el "qué" de la persona enterrada allí. Pero un epitafio real no está cincelado en piedra, ¿verdad? Como la ley de Dios, está escrito en los corazones de las personas.

En mayo del 2013, Ruth y yo nos sentamos a hablar en una cabaña con un grupo de amigos en Estes Park, Colorado, a dos horas de nuestro hogar. Yo soy el hablador en la familia. Ruth, reservada y quieta, en un punto indicó su deseo de decir algo. Ella dijo: "Yo no sé si puedo hacer esto porque mi corazón está palpitando fuerte, ¡pero lo intentaré!" Como estímulo para uno de nuestros amigos, citó un poema favorito.

Terminó y se deslizó en el sofá a mi lado, luego de repente jadeó y se cayó hacia su izquierda. Tomándola por sus hombros, la volví hacia mí y miré justo en la cara gris de la muerte. Su boca y sus ojos estaban abiertos, pupilas dilatadas, y excepto por un débil sonido en su garganta, ella no respiraba.

Ella había sufrido lo que los doctores llaman *muerte cardiaca súbita*, que ocurre cuando el sistema eléctrico en el corazón tiene un corto circuito, y el corazón deja de bombear sangre. Sin el oxígeno que la sangre lleva al cerebro, la corteza se apaga y mueres. En aquel momento, cuando mi mundo se derrumbaba, empecé a sollozar, gritando: "¡Ruthie, no me dejes!". Instantáneamente, las personas empezaron a orar, y alguien llamó al 911.

En los próximos minutos, un oficial de policía novato se arrodilló y empezó las compresiones de pecho. Las sirenas gimiendo a la distancia daban señales de que venía de camino más ayuda, y en momentos los paramédicos estaban allí. Cortaron la ropa de Ruth y, en sus rodillas, crearon un círculo de trabajo. Yo no podia ver nada excepto sus pies descalzos. Nuestros amigos hacían llamadas a todo el país. Otros se pararon a orar. El equipo de Emergencias Médicas trabajó con una calma febril para insertar intravenosos y preparar el desfibrilador, turnándose las compresiones de pecho.

Oí a alguien decir: "¡Despejen!". El *shock* levantó sus talones del piso. No hubo pulso. El conteo de CPR era un metrónomo: "uno-dos-tres-cuatro-cinco". Otro *shock*. Nada. Me senté en la posición de las siete en el reloj en relación a ella, a seis pies, aturdido y llorando. Entonces un tercer *shock*. Y alguien dijo: "Tenemos un pulso". Un helicóptero llevó a Ruth de la Sala de Emergencias de Estes al Centro Médico de los Rockies en Loveland. El cardiólogo nos dijo: "Esto es lo que hay. Llevaremos su temperatura corporal a 92 grados por veinticuatro horas. Entonces la calentaremos a razón de medio grado por hora durante doce horas. En ese momento, reduciremos la sedación. Ese será el primer punto cuando seremos capaces de decir algo. No esperen mucho. Su cerebro y su cuerpo han sufrido un insulto tremendo. Puede despertar. Puede despertar con daño cerebral. O puede no despertar nunca. No tenemos idea de cuánto daño se ha hecho".

Algunos días más tarde aprendimos las estadísticas: 88 por ciento de las personas que experimentan muerte cardiaca súbita la sufren solos y mueren al momento. Del otro 12 por ciento, solo uno en veinte sale del hospital. Muchos menos que esos salen sin déficit cerebral.

Las siguientes cuarenta horas fueron una noche oscura del alma. Nuestra familia llegó en veinticuatro horas para mantener vigilia. Erica, nuestra hija mayor, cambió su foto de perfil en *Facebook* por la foto de una vela encendida. En minutos, cientos de personas alrededor del mundo postearon imágenes de velas. Estábamos rodeados de luz y levantados en oración.

Los chicos hicieron turnos para estar conmigo en el cuarto de Ruth. El sueño solo llegaba por momentos. Cada vez que cerraba mis ojos, veía su rostro de muerte y lloraba. Esta era la mujer que había estado firme junto a mí por cincuenta años. Les dije a los chicos: "Los doctores no saben cuál puede ser el daño. Pero yo le he dicho a Dios que yo la tomaré de cualquier manera que pueda". En aquellas horas, yo nunca había estado tan asustado, nunca había llorado tanto, nunca había confiado tanto.

A las 5:00 p.m. el 23 de mayo, los doctores empezaron el proceso de calentamiento. Yo finalmente me dormí cerca de la medianoche. A las 2:10 de la mañana, una amiga querida sentada junto a Ruth me sacudió. Ruth estaba despertando. Más temprano esa noche, el Dr. Thomas Matthew, un cirujano cardiaco, había estado haciendo sus rondas, y entró a la Unidad de Cuidado Intensivo. Solo lo conocí una vez de pasada, pero me dijo, sin virtualmente datos empíricos para apoyar su afirmación: "Dick, tengo la sensación de que todo va a estar bien". Entonces, para mi asombro, preguntó: "¿Puedo orar por Ruth?". "Absolutamente", dije. Él puso su mano sobre su forma inerte y en una voz fuerte dijo: "Señor Dios Todopoderoso, oro para que sanes a Ruth desde la parte superior de su cabeza hasta los dedos de sus pies". A las 2:10 a.m., fui sacudido para despertarme de un sueño espasmódico en una silla en la cabecera de su cama. La respuesta a esa oración y las miles de los otros se había manifestado.

Según me paraba junto a su cama, el enfermero empezó a examinar las reacciones de Ruth. "Ruth, abre los ojos". Ella abrió sus ojos lentamente. "Mírame". Ella lo miró. "Aprieta mi mano". Ella le apretó la mano. Él dijo: "Mueve los dedos de los pies". Sus dedos de los pies se movieron. "Mueve los dedos del pie derecho". Movió esos dedos. Él dijo: "Encoge los hombros". Ella lo hizo. "Dame una sonrisa". Media sonrisa se formó alrededor de su tubo de respirar.

Finalmente: "¡Dame dos pulgares arriba!". Cuando ella lo hizo, perdí la compostura. La quietud de la Unidad de Cuidado Intensivo estalló en alabanzas llenas de lágrimas. Ruth regresaba. El equipo médico usó lenguaje de "milagro". En aquellas tormentosas horas, estaba claro que el epitafio de Ruth ya estaba escrito en mi corazón. Es simple y profundamente este: *Ella me ama*. En pequeñas y grandes maneras, Ruth me ha amado con firmeza transformadora. Nadie excepto Jesús me ha formado más. Puedo haber viajado a cien países, perseguido mil sueños, dado un millón de conferencias, y todo estaría vacío sin ella.

Vi su epitafio grabado en las caras de nuestros hijos en la oscuridad de la noche, mientras besaban sus manos y su rostro, y susurraban: "Te amamos, Mamá. Tú eres la mejor mamá. Sabemos que necesitas descansar, pero en la mañana vamos a necesitar que te despiertes".

Dos meses después de que Ruth despertó, celebramos nuestro quincuagésimo aniversario con el clan entero. En una casa grande en las colinas de San Diego durante una semana, vivimos en la piscina y jugamos y comimos y reímos. Entonces vino el primer concurso de talentos de la familia Foth. Hijos y nietos cantaron y tocaron el piano. Hicieron trucos de baloncesto y sincronizaron los labios como profesionales. Al final, con una música descomunal por toda la casa, se pararon y bailaron. Nos unimos a ellos en un arranque de alegría.Fue sagrado. Fue un momento Lázaro. Más precisamente, de acuerdo con un amigo, ¡fue un momento Lazaruth!

Mayo del 2013 está capturado por Ruth y yo en una palabra: oración.

Y *oración* es un epitafio poderoso y bueno. El 19 de marzo de 1872 fue el quincuagésimo noveno cumpleaños de David Livingstone. Ese día, él escribió esto en su diario:

> Señor, envíame a donde sea; solo ve conmigo. Ponme cualquier carga; solo sosténme. Corta cualesquiera lazos; guarda el lazo que me ata a tu corazón. Mi Jesús, mi Rey, te dedico otra vez todo mi ser a ti. [1]

En ese lenguaje simple encontramos el principio y el final de La Gran Aventura.

 ## La historia de Mark

Durante cuatro décadas, Amós Alonzo Stagg fue entrenador de fútbol en la Universidad de Chicago. Ellos eran los *Monsters of the Midway* originales, mucho antes de que los *Bears* tomaran prestado ese apodo. Mi educación universitaria comenzó en la Universidad de Chicago, y rápidamente descubrí que no podía ir demasiado lejos en el campus sin toparme con la influencia de Stagg. No solo llevó a los *Maroons* a dos títulos nacionales en 1905 y 1913, sino que su legado en el fútbol incluye el pelotón, el juego la Estatua de la Libertad, la patada corta, la formación T, el final alrededor, y el paso hacia adelante. En otras palabras, él prácticamente inventó el fútbol americano como lo conocemos. Cuando él aceptó la invitación para entrenar a los *Maroons*, le dio al presidente de la universidad un discurso de aceptación, diciendo: "Después de mucha reflexión y oración, he decidido que mi vida puede ser mejor utilizada para el servicio de mi Maestro en el puesto que usted me ha ofrecido."[3] Amós Alonzo Stagg entrenó hasta la edad de noventa y ocho años, pero él no solo entrenó a sus equipos. Él los discipuló.

Después de una temporada particularmente exitosa, un joven reportero felicitó a Stagg por su buen trabajo. En lugar de simplemente recibir el cumplido, él entrenó al joven reportero. En su estilo sencillo, Stagg le dijo: "Yo no sabré cuán buen trabajo hice hasta en veinte años. Es entonces cuando veré cómo resultaron mis chicos".[4]

Nuestro legado no se mide por lo que logramos durante nuestra vida en la tierra. Se mide por las vidas que son cambiadas mucho después de habernos ido. Mi abuelo murió cuando yo tenía seis años, pero sus oraciones siguen siendo contestadas en mi vida. Mi suegro murió cuando yo tenía veintiocho años, pero todavía él marca la pauta. Y yo espero que Dick Foth dé cien vueltas alrededor del Sol, pero su legado no morirá con él. Vivirá en su familia, sus amigos, sus asistentes de campo, y un pastor llamado Mark Batterson, para quien él ha sido un amigo, un mentor y padre espiritual por ya casi dos décadas. Y ya que has leído *Una vuelta alrededor del Sol*, su legado vivirá en tu vida también.

¿Qué clase de legado tú quieres dejar? No lo dejes a la suerte. Es una elección.

Los epitafios son algo poderoso. Lo que se dice acerca de nosotros cuando morimos es una ventana a la forma en que vivimos nuestras vidas. Los epitafios revelan el deseo innato que tiene adentro cada uno de nosotros, de dejar un impacto en el mundo. Incluso después de dejar esta tierra, queremos dejar atrás algo de nosotros. Queremos ser recordados por algo.

Ludolph van Ceulen, un matemático holandés que fue el primero en calcular el pi, murió a la edad de setenta años en el 1610. Él hizo que grabaran en su lápida 3.14159265358979323846264338327950. Quería que su mayor logro fuera conocido por todos mientras él entraba en la eternidad.

Benjamin Franklin una vez escribió un epitafio para él, en uno de sus diarios. Leía así: "El cuerpo de B. Franklin, impresor, como la cubierta de un viejo libro, sus contenidos arrancados, despojado de sus letras y su dorado, descansa aquí, alimento para gusanos. Pero el trabajo no se perderá completamente; porque como él creía, aparecerá una vez más en una nueva y más perfecta edición, corregida y enmendada por el Autor."[5] Ben Franklin, uno de los padres fundadores de los Estados Unidos, fue un científico de renombre, embajador en Francia, inventor, jefe de correos, escritor, y músico. Pero siempre se consideró a sí mismo un impresor de corazón. Un verdadero hombre del Renacimiento, ayudó a marcar el comienzo de la era de la democracia en nuestro país. Llegó sin un centavo a las calles de Filadelfia, siendo un adolescente, desde su ciudad natal de Boston. Sesenta y siete años más tarde, cuando murió a la edad de ochenta y cuatro, veinte mil ciudadanos de Filadelfia lo honraron.

Tal vez no seas un van Ceulen o un Franklin. Tal vez nunca logres quince minutos de fama en tus días aquí en la tierra. ¿Pero no es tu epitafio algo a lo que debes dar serio pensamiento? Los epitafios no son algo que nosotros discutimos normalmente en conversaciones diarias. Así como evitamos pensar acerca de morir, la mayoría de nosotros le ha dado poco pensamiento a las palabras por las que queremos ser recordados. ¿Cuál es tu pasión en la vida? ¿Qué te rompe el corazón? ¿Qué despierta tu imaginación? ¿Para qué estás dispuesto a dar tu vida? ¿Qué quieres dejar tras de ti cuando tus días en la tierra hayan terminado? A veces hacernos estas preguntas nos ayuda a reevaluar dónde estamos. Si mañana fuera tu último día en la tierra, ¿tu epitafio leería de la manera que querrías?

Me encanta pasear por cementerios antiguos y leer las inscripciones en las lápidas. Los epitafios me inspiran a vivir mi vida por algo que la sobreviva. Mi cementerio favorito está al cruzar el río Potomac desde el Lincoln Memorial. El cementerio de Arlington es uno de los lugares más bellos y reverentes en la capital de la nación. Originalmente fue la casa del nieto de Martha Washington, George Washington Parke Custis. Arlington House fue destinada a ser un memorial vivo a George Washington. Cuando la hija de Custis se casó con el comandante del ejército confederado Robert E. Lee, él se convirtió en el cuidador de la finca antes de perderla ante el gobierno federal durante la Guerra Civil. Eventualmente, se convirtió en el lugar de reposo final para miles de soldados que han sacrificado sus vidas por la causa de la libertad.

Cuando estás caminando entre filas y filas de simples marcadores blancos, tienes la sensación de estar caminando sobre tierra sagrada. Las esperanzas y los sueños de más de 400.000 hombres y mujeres soldados descansan a lo largo de los 624 acres de Arlington. Esas vidas no fueron vividas en vano. Fueron vividas con un propósito, con una creencia en su país y su libertad, y con una disposición de servir. Hay algo solemne y maravilloso en leer las inscripciones en las piedras. Es como si ellos hablaran desde más allá de la tumba. Es un emotivo recordatorio de vivir la vida mientras vivimos. En palabras sencillas: nunca es demasiado tarde para ser lo que debiste ser.

Hay otro cementerio que me gusta visitar. Allí no vas a encontrar ningún monumento militar. Ni jefes de estado ni académicos de renombre. No es un cementerio famoso, pero la persona que descansa allí es famosa para mí. Mi suegro, Bob Schmidgall, está sepultado en el cementerio de Naperville, en la equina de la calle S. Washington y la avenida Martin. Está al cruzar la calle desde *Naperville Central High School*, donde yo pasé cuatro de los mejores años de mi vida. Está al cruzar de la otra calle desde *Manor Care*, el asilo donde prediqué mis primeros sermones. Y está un bloque más abajo de donde yo pasé gran parte de mi juventud jugando béisbol de Ligas Menores y fútbol Pop *Warner*.

Grabado en la lápida de mi suegro está un sencillo y breve epitafio: "Bien hecho, buen siervo y fiel". Los epitafios son testimonios. Dan testimonio de una vida bien vivida. Mi suegro es un recordatorio de que Dios no diría: "Bien pensado" o "Bien dicho" o "Bien planificado". Solo hay un elogio: "Bien hecho". Y no hay un elogio mayor que ese. Es el epitafio que cada seguidor de Cristo quiere escrito sobre su vida. Algo menos que eso es quedarse corto.

No es demasiado tarde para reescribir tu epitafio. Es un documento vivo. Un epitafio no es el punto final a la oración de nuestra vida. Es el prólogo para nuestra historia eterna. Cómo vivas tus días en esta tierra determinará cómo vivirás tus días en la eternidad.

A.W. Tozer una vez dijo: "La eternidad no será suficientemente larga para descubrir todo lo que Dios es, o para adorarle por todo lo que Él ha hecho".[6] La eternidad es una aventura sin final. Y aquellos que han sido fieles en la tierra experimentarán aventuras aún más grandes en el cielo.¿Sabías que los astrónomos estiman la existencia de al menos ocho mil millones de galaxias? ¡Eso es más de diez galaxias por persona! Ha tomado toda la historia humana para explorar un pequeño planeta en una pequeña galaxia. Así que creo que es seguro decir que no nos aburriremos en el otro lado del continuo espacio-tiempo. Proverbios 25:2 dice: *"Gloria de Dios es ocultar un asunto, y gloria de los reyes el investigarlo".*

Si pudieras cernir a través del inglés antiguo, Sir Francis Bacon tuvo una fascinante opinión de este verso. Él dijo de Salomón:

> Aunque se destacó en la gloria del tesoro y edificios magníficos; del transporte marítimo y la navegación; de servicio y asistencia; de la fama y renombre, y similares, sin embargo, no hace reclamo alguno de esas glorias, pero solo a la gloria de la inquisición de la verdad, para lo que ha dicho expresamente: la gloria de Dios es ocultar una cosa, pero la gloria del rey es encontrarla; como si, de acuerdo al inocente juego de los niños, la Divina Majestad se deleitó en ocultar sus palabras al final para que ellos las encontraran, y como si los reyes no pudieran obtener un mayor honor que ser compañeros de juego con Dios en ese juego, considerando el gran mandamiento del ingenio y los medios donde nada necesite ocultarse de ellos".[7]

Compañeros de juego de Dios. Eso es lo que somos. Nada menos. Nada más. Somos compañeros de juego de Dios en este gran juego llamado vida. Y las buenas noticias, las mejores noticias son: ¡la aventura nunca termina!

Permite que tu epitafio sea escrito en una manera que grite la bondad y la grandeza de Dios. Y todos los cielos serán eco de un eterno "Amén".

El destino no es un misterio. El destino es una decisión. Escoge la aventura.

**Nunca es demasiado tarde para
ser quien debiste ser.**

Conclusión
Otro Día, Otra Aventura

 La historia de Dick

El frío viento del Atlántico azotaba a nuestro alrededor cuando bajábamos de la cubierta de vuelo a la camareta del *USS George Washington*. El capitán y un grupo de oficiales nos recibió cálidamente. De repente, un joven teniente dio un paso adelante, mano extendida, y dijo: "¡Estupendo verlo de nuevo, Presidente Foth!". Yo miraba la cara sonriente de un ex estudiante de *Bethany College*, el capellán del barco. Las vueltas alrededor del Sol a veces te reconectan de maneras extrañas, en lugares extraños.

Ciento cuarenta millas por hora es rápido en cualquier medida. Es mucho más rápido cuando te estás acercando a una cubierta de lanzadores del tamaño de un sello de correo en el Océano Atlántico, a cien millas de la costa de Virginia. Esa sería una portadora de aterrizaje.

Cinco de nosotros habíamos estado atados a un Grumman Greyhound 2-A, la portadora a bordo de un camión de entrega (COD por sus siglas en inglés) que es el caballo de batalla de suministros para los portaviones de la Marina de los Estados Unidos alrededor del mundo. En un arnés de cinco puntos mejorado con chaleco salvavidas, casco y gafas de protección, me enfrenté a la parte posterior del avión. En el viaje de regreso, seríamos lanzados fuera de cubierta por una catapulta de vapor que nos llevaría de 0 a 180 millas por hora en 3 segundos.

Nosotros éramos invitados del Almirante Vern Clark, Jefe de Operaciones Navales. Él me había preguntado: "¿Dick, has estado alguna vez en un portaviones?". Yo dije: "Una vez, el *USS Ranger* en la Estación Naval Aérea de

Alameda cuando tenía diecisiete". Él dijo: No ese. Quiero decir uno en el mar". Yo respondí: "¡Nunca!" y él dijo: "Hagamos ocurrir eso".

Las veinticuatro horas en el portaviones se difuminaron. Ya que el *George Washington* estaba en maniobras preparándose para despliegue hacia el Golfo Pérsico, todo era acción: los equipos revisando estrategias, F-18s despegando y aterrizando sin parar toda la noche, la calibración y recalibración del equipo. Dicho brevemente, cientos de hombres y mujeres de servicio saliendo de lleno.

La parte más cautivadora para mí fue las conversaciones con oficiales y tripulación desde el Almirante de Flota a cocineros en la cocina, y marineros reparando y probando motores de *jets* en la cola del portaviones. Cuando les pregunté su misión, todos la sabían. Podían simple y convincentemente expresar el "por qué" y el "qué" de su propósito.

Cuando el Almirante Clark había sido nombrado Jefe de Operaciones Navales por el Presidente Clinton, sesenta días antes de que el USS *Cole* fuera atacado en Yemen, él había articulado una misión clara a sus compañeros almirantes: "Cuando hombres y mujeres jóvenes levantan sus manos derechas y juran proteger la Constitución de los Estados Unidos de todos los enemigos, domésticos y extranjeros, también juran obedecer a cualquier oficial superior a ellos, todo el trayecto hasta el Comandante en Jefe. La pregunta es: '¿Qué les juramos nosotros a ellos'?"

Él respondió su misma pregunta. "Nosotros les juramos que les daremos los mejores equipos y entrenamiento en el planeta. Pero, más importante, juramos demostrarles que servir es noble".

Yo vi ese juramento hacerse carne a medida que los marineros y la tripulación aérea corrieron a sus deberes. Esto fue más que dirigir un verdadero curso y lanzar al cielo combatientes de multimillones de dólares. Esta era una misión con M mayúscula. Estaba envuelta en libertad de culto y libertad de expresión. Era sobre libertad de asociación y oportunidades en cada esquina. Esto era sobre ideas que no restringirían el sueño o apresarían al aventurero.

En meses y años previos yo había pasado muchas horas con Vern Clark. Su padre fue mi jefe treinta y cinco años atrás cuando Ruth y yo habíamos ido a pastorear en Urbana. Mi función en Washington, DC me permitió conectar con Vern regularmente, y yo llegué a apreciar y hasta a empaparme de su filosofía. Reflejaba quién era y quién es. Expresaba respeto y confianza y propósito. Y era simplemente esta: "El Señor traza un mapa de nuestro curso". Seguro que se ajusta a un hombre de la Marina. Se ajusta a cualquier persona que desee aventura.

Nos habían mostrado los cuarteles y guardado nuestras cosas. Entonces nos paramos largo tiempo ante una barandilla dominando la cubierta de vuelo, a medida que combatiente tras combatiente era catapuultado en la noche, los postquemadores brillando como ojos gemelos anaranjados en la oscuridad manchada de tinta. Después de un rato, el capellán se volvió hacia mí y dijo: "Presidente Foth, en cerca de una hora diremos la oración nocturna en el barco. ¿Quiere hacer eso esta noche?". La tradición en los buques navales incluye una oración nocturna que se dice por el intercomunicador aproximadamente cinco minutos antes de los golpes de las 10:00 p.m. La tradición se origina en los días cuando no había comunicación electrónica y los barcos en el mar estaban en peligro a menudo. La oración era al frente y en el centro.

Pronto después, me paré en el Puente de ese poderoso barco, mirando de nuevo hacia la cubierta de vuelo que alcanzaba la longitud de tres campos de fútbol. Oré con corazón agradecido por la protección y cuidado de la tripulación: cinco mil hombres y mujeres jóvenes de aldeas y ciudades a través de América, que con disposición visten "la ropa de la nación" para defender nuestras libertades.

Los tiempos eran tumultuosos, como aún lo son. Los desafíos eran grandes, como aún lo son. Las posibilidades de catástrofes eran inmensas, como aún lo son. Pero según la proa de ese barco de guerra gigante surcaba los mares del Atlántico en medio de esa noche de diciembre, oí de n uevo la voz del Almirante Clark: "¡El Señor traza un mapa de nuestro curso!".

En más de setenta vueltas alrededor del Sol, he llegado a creer eso. No siempre lo he sentido. No siempre he actuado sobre eso. Pero lo he sabido. Profundo en lo más hondo de mi alma en mis momentos más desgarradores, he ido allí para confianza e inspiración.

Hay un perspicaz intercambio en el Evangelio de Juan entre Jesús y una pareja de seguidores de Juan el Bautista. Ellos se encontraron a la orilla del río Jordán. Cuando Juan señala a Jesús a su propio grupo, dos de ellos empiezan a seguir a Jesús. En ese intercambio, preguntan: "¿Dónde te estás quedando?" Él no les dice. Solo dice: "*¡Vengan a ver!*".[1]

Esa es la aventura. Es una aventura de "vengan a ver". No tiene un itinerario de día a día. No hay requisiciones de materiales o suministros. No hay línea de tiempo ni fecha final. No se extienden garantías, excepto Su presencia continua.

Aventurar, para mí, es ir a algún lugar nuevo, por cualquier medio, con Jesús y amigos. Por eso este libro es una aventura. Nunca antes he hecho esto. Nunca lo he hecho antes de esta manera. Mejor que todo, lo hice con Mark. Durante veinte años, Mark me ha desafiado con su intensidad infecciosa que infunde su devoción por Jesús en su familia, sus ideas, sus sueños, sus afirmaciones, su erudición, sus oraciones, su risa, y su juego. Estoy en deuda con él.

La historia de Mark

Las apuestas aclaman a Jonathan Goldsmith de ser "El hombre más interesante del mundo", en la publicidad de Dos Equis, pero en el mundo real, yo voto por Dick Foth. Sus intereses son infinitos. Él tiene más conocimientos triviales que cualquier persona que conozco, y también sabiduría. Puede no ser la persona con más contactos en Washington, pero pienso que puede ser la persona con los contactos más diversos. Él es un narrador por excelencia de historias y de chistes. Incluso hace un ruin acento de indio o británico. Con Foth, siempre es ¡otro día, otra aventura! Hace varios años, pasé una de las semanas más mágicas de mi vida, en las Islas Galápagos, con mi hijo Parker. Nos anotamos veinticuatro horas en alta mar en un pequeño bote, un barco que se había volcado la semana antes de nuestra llegada. Por supuesto, este pequeño detalle no se nos dijo hasta que partimos.

Estuvimos brincando entre islas la semana entera, compartiendo el evangelio con personas que nunca habían experimentado el amor de Jesús. A lo largo del camino, nadamos con leones marinos, fuimos al salto del acantilado en Las Grietas, y vimos pelícanos bombardear en picada en el océano y regresar con desayuno en sus picos. Innumerables momentos serán memorias de por vida, pero un momento encapsula todo el viaje. Encontré una lata de *Sprite* en español con cuatro palabras impresas a través de la etiqueta, y esas cuatro palabras se convirtieron en un lema de vida.

Otro Día, Otra Aventura.

Algunas veces, la filosofía y la teología se encuentran en los sitios más extraños. Como una lata de *Sprite* de 12 onzas. Estas cuatro letras son más que un eslogan publicitario. Ellas hacen una muy buena declaración de misión. Así es que quiero vivir mis días: Otro día, otra aventura.

Cuando cumplí los cuarenta, alguien me envió un enlace a *DeathClock. com*. Suena morboso, lo sé. Pero probó ser una experiencia liberadora. Luego de entrar tu fecha de nacimiento, tu índice de masa corporal y tu estatus de fumador, te revela tu propia fecha de muerte. Tú realmente tienes cuatro opciones a escoger: optimista, pesimista, cruel o normal. Yo escogí optimista. ¿Mi fecha de muerte? El 12 de octubre de 2055.Por supuesto, yo soy un optimista eterno, así que sé que puedo superar esa fecha.

 Una vez Foth me dijo que cuando llegas a los cuarenta, empiezas a contar para atrás. Si los promedios se sostienen, tienes más vida detrás de ti que delante de ti. Piensa en esto como el medio tiempo. Y puedes hacer los ajustes del medio tiempo. Me pregunto si la vida realmente comienza cuando empiezas a contar hacia atrás.Quizás porque tú quieres que cuente.

Me encantaría dar cien vueltas alrededor del Sol; un siglo de aventuras. Pero eso no depende de mí. Dios ha ordenado todos mis días.[2] Pero siempre y cuando esté en el reloj, quiero hacer que cada día cuente. Quiero vivir como que es el primer día y el último día de mi vida.

En Colosenses 3:23 (RVC) Pablo dice: "*Y todo lo que hagan, háganlo de corazón, como para el Señor y no como para la gente*". Cuando él dice: "*háganlo de corazón*", él está hablando de equidad del sudor. Sangre, sudor y lágrimas. En otras palabras, dejarlo todo en la cancha. Hazlo como si tu vida dependiera de eso. Y hazlo por los aplausos de las manos cicatrizadas por los clavos.

El autor Jim Collins cuenta una historia sobre su esposa que corre el *Ironman* en Hawaii. En la última milla, su cuerpo comenzó a apagarse. Sus músculos comenzaron a sentir calambres, así que ella empezó a golpearse en sus muslos, empujándolos a terminar la carrera. Le tomó cada onza de fuerza para cruzar la línea final. Y cuando lo hizo, no le quedaba nada en el tanque. Así es que yo quiero terminar. Ciertamente quiero llevar un paso, y vivir de una manera que respete el ritmo del *Sabbath* que Dios diseñó. Ciertamente, necesito mantener un margen para la creatividad y la compasión. Pero quiero darle a Dios todo lo que tengo. Quiero una A por el esfuerzo. Quiero oír a mi Padre decir: "*Hiciste bien, buen siervo y fiel*".

Mi amistad con Dick Foth comenzó hace veinte años con una invitación a la mesa, a su mesa de Acción de Gracias. A través de los años, Dick me ha invitado a sentarme a algunas mesas extraordinarias, incluyendo una mesa en el comedor del Senado. Pero la última mesa a la que me invitó es Foth por excelencia.

Una de las causas del Reino a la cual Dick ha dedicado su vida es a *Rescue Freedom International*, una organización sin fines de lucro que lucha contra el tráfico humano. Está dirigida por uno de los ex ayudantes de campo de Dick, Jeremy Vallerand, y Foth sirve como presidente de la junta.En el estilo clásico Foth, él ha invitado a sus amigos a acompañarle en este viaje. Mientras me sentaba a la mesa, tuve retrospectivas de la mesa de Acción de Gracias en el 1994. Aquí estaba yo, veinte años más tarde, y en la mesa estaban: un general tres estrellas, un ex MVP de la NFL, una legendaria pareja de misioneros, y más que unos pocos multimillonarios.¡Algunos resumés impresionantes! Y entonces estaba yo. Este pensamiento cruzó a través de mi sinapsis: ¿Cómo llegué aquí? Bueno, tengo un amigo que se llama Dick Foth. ¡Así fue que llegué allí!

Me encanta como termina la noche.

Generales y pastores, misioneros y millonarios, CEO's y MVP's, todos unimos nuestras manos y cantamos un coro sencillo dirigido por nuestro fiel amigo: Dick Foth.

> Jesús me ama, yo lo sé,
> La Palabra dice así,
> Todos quieren ir a Él.
> Él es nuestro amigo fiel.
>
> Sí, Jesús me ama.
> Sí, Jesús me ama.
> Sí, Jesús me ama.
> La Biblia dice así.

Cada aventura comienza y termina ahí.

Reconocimientos

 Pensamientos de Dick

Sin ti, Mark, este libro no sería. Tu liderazgo a cada paso ha sido inmenso. Al escribir juntos, yo soy claramente el ratón montando el elefante. Tu corazón por Jesús me atrae. Tu visión y generosa afirmación me mueven a confiar en Jesús más profundamente.

Gracias, Ruth, por más de cincuenta vueltas alrededor del Sol. Durante años dijiste: "Dick, tienes que empezar a escribir". Nunca emitiste una directriz, pero debes tener un doctorado en preguntas retóricas que nunca permitieron que la pluma sobre papel estuvieran demasiado lejos del radar. Tu firme amor por Jesús y por mí enmarcan mi mundo entero.

Gracias, Susana, por las incontables horas que invertiste en dar ritmo y estructura a nuestras ideas y palabras. Siempre desde que eras una niña, has tenido el don de escribir.Sin ese don y tu contagioso entusiasmo, las palabras en este libro estarían aún en conversación.

Cuando Ruth y yo conocimos a Mark y Lora, solo uno de nuestros hijos estaba casado. Ahora tenemos cuatro hijos casados y once nietos. Nuestros hijos y sus esposas: Erica y Van, Jenny y Brett, Susanna y Scott, y Chris y Traci nosh an animado incansablemente. Y cuando esos nietos dicen: "¡Abuelo, cuéntanos una historia!", es la gran recompensa.

A la congregación de Urbana Assembly en Illinois, que nos amó cuando éramos jóvenes, nunca los hemos olvidado. Gracias por la familia de Bethany College por los años de adolescencia de nuestros hijos. A nuestros colegas en Washington, DC, estos pasados veinte años, su entendimiento de Jesús ha cambiado como pensamos. A las congregaciones de Timberline Church en Fort Collins, CO; National Community Church en DC; Willamette Christian Center en Eugene, OR; y Calvary Church en Naperville, IL, estamos en deuda con ustedes.

Y a nuestro Grupo Irregular de Jueves, su interés incesante y sus fieles oraciones han hecho las pasadas cinco vueltas alrededor del Sol significativas y divertidas y profundas.

 Pensamientos de Mark

Nunca me había divertido tanto escribiendo un libro, y eso es un testimonio para Dick y Susanna. Foth, tú a veces te disculpas por repetir historias. Déjame ir a récord: podría escuchar tus historias cien veces y quiero escucharlas una vez más. ¡Susanna, gracias por ayudarnos a encontrar nuestro camino a través del bosque de la escritura. No fue tarea fácil.

Mi meta principal al escribir este libro era capturar las historias de Dick para la posteridad, pero supongo que he hecho lo mismo con algunas de las mías. Espero que algunas de estas tramas se conviertan en parte del folklor de nuestra familia. No me imagino la vida sin ti, Lora. Y Parker, Summer y Josiah, ustedes hacen mi vida más aventurera de lo que jamás imaginé.

Gracias a la iglesia que tengo el privilegio de servir, National Community Church. No quisiera estar en ningún otro lugar, haciendo cualquier otra cosa. ¡Qué alegría, qué viaje!

Quisiera agradecer a nuestra agente, Esther Fedorkevich, y a todos en Fedd Agency. Lo digo todo el tiempo: son los mejores en el negocio. Y gracias al equipo en Baker, quienes creyeron en este libro desde su comienzo. Estoy agradecido por su amistad y colaboración.

Al final de un proyecto como este, pienso en tantas personas que han hecho la diferencia en mi vida. Estoy agradecido a todos y cada uno de ustedes. Ustedes saben quiénes son. Su influencia está infundida en cada palabra, en cada página.

 De Dick y Mark

Dedicamos este libro a nuestro compañero viajero y amigo, Bob Rhoden. Gracias por estar en nuestra esquina.

Notas

Introducción

Ashley Montagu citada en Mardy Grothe, *Oxymoronica: Paradoxical Wit and Wisdom From History's Greatest Wordsmiths* (New York: Harper, 2004), 23.

1. Vea Mateo 18:3.

2. Mark Batterson, "Get a Life: Creating and Sustaining a Personal Life Vision," *Enrichment Journal*, Winter 2011, http://enrichmentjournal. ag.org/201101/201101_038_ Get_Life.cfm.

Capítulo 1: Por el amor al riesgo

1. Eclesiastés 4:12

2. William Faulkner, *Requiem for a Nun* (New York: Vintage Books, 2011), 73.

3. Vea Hebreos 11:8.

4. Vea Mateo 2:13–15.

5. Vea Éxodo 2:1–10.

Capítulo 2: Acumula experiencias

1. 1. Stuart Brown con Christopher Vaughan, *Play: How It Shapes the Brain, Opens the Imagination, and Invigorates the Soul* (New York: Avery, 2009), 72–73.

2. Lucas 5:29–32.

3. Filipenses 3:10–11.

4. Arthur Gordon, *A Touch of Wonder* (Old Tappan, NJ: Fleming H. Revell, 1974), 181.

5. Ibid., 182.

6. Ibid.

7. Si usted no ha leído *Moment Maker* de mi amigo Carlos Whitaker, necesita hacerlo. Él y su familia estuvieron en casa de Bob Goff ese mismo fin de semana.

Capítulo 3: La aventura original

1. Hechos 17:22–23.

2. Citado en Rosamond Kent Sprague, *A Matter of Eternity: Selections from the Writings of Dorothy L. Sayers* (Grand Rapids: Eerdmans, 1973), 16.

3. Vea Mateo 20:16.

4. Mateo 16:16.

Capítulo 4: La preposición que cambiará tu vida

1. Marcos 3:13–15.

2. Génesis 2:18.

3. Mateo 28:20.

4. Rick Warren, *The Purpose Driven Life* (Grand Rapids: Zondervan, 2002), 17.

5. Mateo 28:20.

Capítulo 5: Quién es más importante que qué

1. Stephen E. Ambrose, *Band of Brothers: E Company, 506th Regiment, 101st Airborne from Normandy to Hitler's Eagle's Nest* (New York: Simon and Schuster, 1992), 109.

2. Ibid., 44.

3. Juan 15:12–15.

4. William Butler Yeats, "The Municipal Gallery Revisited," líneas 55–56, in *New Poems* (1938).

5. Daniel Goleman, *Emotional Intelligence* (New York: Bantam Books, 2005), 34.

6. Vea sus asombrosos productos en http://www.colonellittleton. com.

Capítulo 6: Peldaños

1. Puedes aprender más sobre Rich en su sitio web, richsride. org, y leer sobre su paseo en bicicleta en "Rich Dixon: Hope Changes What's Possible," Convoy of Hope, November 5, 2013, http://www.convoyofho pe.org/advoca cy/rich-dixon/.

2. Mateo 16:24 RVC.

3. Romanos 10:10–11.

4. "Jim Elliot Quote," Billy Gra ham Center, Wheaton College, 2012, www2.wheaton.edu/ bgc/archives/ faq/20.htm.

5. Salmo 127:1

6. Boris Schlossberg, "Fail Hard and Fail Often," *BK Forex*, November 27, 2011, http://www.bkforex. com/boris-schlossberg/ fail-hard-and-fail-often/.

7. Thomas Edison, Brainy Quote, http://www.brainyquote. com/quotes/quotes/t/thoma saed104931.html.

8. Abraham Lincoln, Brainy Quote, http://www.brainy quote.com/quotes/quotes/a/ abrahamlin121354.html.

9. Gracias a Eugene H. Peterson por este pensamiento. Vea su libro del mismo título, *A Long Obedience in the Same Direction: Discipleship in an Instant Society* (Downers Grove, IL: InterVar sity, 2000).

10. Vea Malcolm Gladwell, *Out liers: The Story of Success* (New York: Little, Brown, 2008), chapter 2.

Capítulo 7: Metas compartidas

1. Citado en Edmund Blair Bolles, *Einstein Defiant: Genius Versus Genius in the Quantum Revolution* (Washington, DC: Joseph Henry Press, 2004), 141.

2. Vea Mateo 6:33.

3. Hechos 20:35.

4. Hebreos 11:1.

Capítulo 8: El locus del amor
1. Juan 8:7.

Capítulo 9: Invaluable e irremplazable
1. 1 Juan 3:1.

2. Luisa Kroll, "Inside The 2014 Forbes Billionaires List: Facts And Figures," March 3, 2014, Forbes, http://www.forbes.com/sites/luisakroll/2014/03/03/inside-the-2014-forbes-billionaires-list-facts-and-figures/.

3. Lucas 15:1–7.

4. Mateo 3:17.

Capítulo 10: Santo y feliz
1. Marcos 10:6–9.

Capítulo 11: Jugar en serio
1. 2 Timoteo 1:5.

2. Parker fue mi coauthor en The Circle Maker Student Edition, All In Student Edition, y The Grave Robber Student Edition.

Capítulo 12: Nunca un momento aburrido
1. Mateo 25:35–36, 40 NTV.

2. Stephen R. Covey, A. Roger Merrill, and Rebecca R. Merrill, First Things First (New York: Simon & Schuster, 1994), 32.

3. Marcos 12:30.

4. Citado en Pam Rosewell Moore, Life Lessons from the Hiding Place: Discovering the Heart of Corrie ten Boom (Grand Rapids: Chosen, 2004), 38.

Capítulo 13: Las cinco pulgadas y media entre tus orejas
1. Vea Proverbios 23:7

2. Hugh Downs, "Georgia Centenarian Study," 20/20 (television program), produced by Fred Peabody, edited by Bud Proctor, 1992. Clip available online at https://www.youtube.com/watch?v=o_uh7r-pYUig (accedido el 6 de octubre de 2014).

3. Vea Filipenses 3.

4. Aldous Huxley, Texts and Pretexts (London: Chatto & Windus, 1932), 5.

5. Vea Salmo 90:12.

Capítulo 14: Libros con cubiertas de piel
1. Ralph Waldo Emerson citado en Dale Carnegie, How to Win Friends and Influence People (New York: Pocket Books, 1981), 28.

2. Eclesiastés 4:9.

3. Harry Truman citado en Hugh Sidey, "The Presidency: Will These Mud Crawlers Learn to Fly?" Time, November 7, 1988.

Capítulo 15: Aprende como si fueras a vivir para siempre

1. Leonardo Da Vinci quoted in Michael J. Gelb, *How to Think Like Leonardo da Vinci: Seven Steps to Genius Every Day* (New York: Bantam Dell, 2004).

2. Vea 2 Corintios 10:5.

3. Ronald Clark, *Einstein: The Life and Times* (New York: Bloomsbury, 1972).

4. Citado en Max Jammer, *Einstein and Religion: Physics and Theology* (Princeton, NJ: Princeton University Press, 1999), 120.

5. La cita exacta es: "De vez en cuando, la mente de un hombre se amplía por una idea o sensación nueva, y nunca se encoge para volver a sus dimensiones anteriores". De Oliver Wendell Holmes, *The Autocrat of the Breakfast-Table* (Boston: James R. Osgood and Co., 1873); online at Project Gutenberg, http://www.gutenberg.org/ebooks/751.

6. Andy Stanley, *Next Generation Leader: Five Essentials for Those Who Will Shape the Future* (Colorado Springs: Multnomah, 2003), 93.

7. Eclesiastés 11:1.

Capítulo 16: El éxito es la sucesión

1. Margery Williams, illustrated by Michael Hague, *The Velveteen Rabbit* (New York: Henry Holt, 1983), 4–5.

2. Mitch Albom, *Tuesdays with Morrie* (New York: Random House, 1997), 118, 120–21.

Capítulo 17: Mentoría invertida

1. Juan 1:12.

2. Mateo 18:3.

3. Vea Proverbios 22:6.

Capítulo 18: Vivo a plenitud

1. C. S. Lewis, *Mere Christianity* (New York: HarperCollins, 2001), 134.

2. Filipenses 3:14.

3. Tony Campolo, "If I Should Wake before I Die," *30 Good Minutes* (television broadcast), Chicago Sun- day Evening Club, Program 3627, first broadcast April 25, 1993, transcrip- tion online at http://www.csec.org/ind ex.php/archives/23-member-archives/737-tony-campolo-program-3627.

4. Salmo 90:12

5. John Wooden and Steve Jamison, *The Wisdom of Wooden* (McGraw Hill, 2010), 3.

6. Vea Lamentaciones 3:23.

7. Blaise Pascal citado en *Forty Thousand Quotations: Prose and Poetical*, comp. by Charles Noel Douglas (New York: Halcyon House, 1917; Bartleby. com, 2012); online at http:// www.bartleby.com/348/authors/408.html.

8. Vea Efesios 5:16.

Capítulo 19: Linaje y legado

1. St. Francis of Assisi citado en Richard G. Capen Jr., *Empowered by Faith: Experiencing God's Love Every Day* (Grand Rapids: Zondervan, 2006), chapter 7.

2. Eleanor Roosevelt, "My Day by Eleanor Roosevelt," April 26, 1945, The Eleanor Roosevelt Papers Project, http://www. gwu.edu/~erpapers/my day/ displaydoc.cfm?_y=1945&_ f=md 000008.

3. Mark Batterson, *The Circle Maker: Praying Circles around Your Biggest Dreams and Greatest Fears* (Grand Rapids: Zondervan, 2011), 5.

Capítulo 20: Dos pulgares arriba

1. John Dreisbach, "Missionary Biographies: David Livingstone," Gospel Fellowship Association, http:// www.gfamissions. org/missionary-bio graphies/ livingstone-david-1813-18

73.html (accedido el 7 de junio de 2014).

2. "Amos Alanzo Stagg," Wikipedia, http://en.wikipedia.org/ wiki/Am os_Alonzo_Stagg. Modificado 18 de noviembre de 2014.

3. Collin Hansen, "Football's Pious Pioneer," Christian-History.net, August 8, 2008, http://www.christian itytoday. com/ch/news/2005/jan14.ht ml?start=2.

4. John Wooden and Steve Jamison, *The Wisdom of Wooden* (New York: McGraw Hill, 2010), 19.

5. J. A. Lemay, *The Life of Benjamin Franklin*, Volume 1: *Journalist, 1706–1730* (Philadelphia: University of Pennsylvania Press, 2013), 321.

6. A. W. Tozer, *The Pursuit of God* (Camp Hill, PA: Christian Publications, 1982), 25.

7. Citado en William Henry Churcher, *The Mystery of Shake- speare Revealed* (1886; repr. London: Forgotten Books, 2013), 36–7.

Conclusión

1. Vea Juan 1:35–39.

2. Vea Salmo 139:16.

Mark Batterson es el autor de éxitos de ventas del *New York Times* de *El Hacedor de Círculos* y *El Ladrón de Tumbas*. Pastor principal de National Community Church en Washington, DC, Mark tiene un doctorado en ministerio de Regent University, y vive en Capitol Hill con su esposa, Lora, y sus tres hijos.

Richard Foth es el padre de cuatro y abuelo de once. En sus roles como un pastor, presidente de un colegio, y conferencista, es mejor conocido como narrador de historias que cree que la historia de Dios y nuestras historias tocan el mundo. Ostenta un DMin de Gordon- Conwell Theological Seminary. Él y su esposa Ruth viven en Colorado.

Susanna Foth Aughtmon es la autora de *All I Need Is Jesus and a Good Pair of Jeans* y *My Bangs Look Good and Other Lies I Tell Myself*. Después de perseverar en varias carreras, incluyendo su propio negocio de decoración, decidió permanecer en su hoar como madre a tiempo completo. Esposa de pastor y madre de tres, Susanna ayuda a su esposo, Scott, en varios ministerios en la iglesia que levantaron en California.